CD付

ビジネス/生活で使える
インドネシア語
ダイアローグ

フォーマル・インフォーマルな
シーンに対応

深尾康夫 / ディアー・ハフサリ 著

I N D O N E S I A　D I A L O G U E

三修社

はじめに

　自国を離れ、外国で暮らし仕事をするのは、いつの時代であれ大変なことです。楽しいこともあれば、辛いこともあるでしょう。深尾はインドネシアで約10年滞在した経験があり、一方ディアは日本で在留し通算14年が経過しました。加えて二人とも語学講師とは別に通訳者、翻訳者として、日本とインドネシアの人々の間をつなぐ仕事に長期にわたり従事してきました。そうした経験から、いかに「言葉」がコミュニケーションを実現するために重要な「ツール」であるかを痛感しています。本書の読者は、その多くがビジネスなどのためインドネシアに滞在される方々やそのご家族だと思いますが、そのような読者にとって本書がインドネシアの人々と良好な人間関係を築くための有効な一助となることを願ってやみません。

　本書の執筆に際し、それぞれの家族、友人、同僚、大学や企業における筆者らのインドネシア語授業受講者、同経験者から貴重な提言を多くいただきました。また本書誕生の機会を与えてくださった渋谷外語学院の故松本秀子前代表、筆の進まぬ筆者らを励まし、辛抱強く見守っていただいた三修社の北村英治氏、エディポックの今野咲恵氏に対し、あわせて感謝の意を表する次第です。

　　　　　　　　　　　　　　　　　　　　　　　　筆　者

本書の特長と使い方

本書では、インドネシア語の基礎学習を終えた方、十分学習できないまま現地入りし、日常生活の中で何となく初歩的な会話ができるようになった方などを対象に、仕事や生活をする際に役立つダイアローグや文法を紹介しています。特に、ビジネスシーンや改まった場面で使えるフォーマルな表現や単語を、その成り立ちから丁寧に解説しています。一通り基礎学習を終えた方や初歩的な会話をマスターした方が次のレベルに進む手助けとなる1冊としてお使いいただけます。

●ダイアローグ

インドネシアで仕事をしたり、生活をしたりする際に使える生きた会話を紹介しています。CDで発音を確認しながら、繰り返し練習してみましょう。

●語句とフレーズ

ダイアローグに登場した単語やフレーズの中で、おさえておきたい単語と覚えておくと役立つフレーズを掲載しています。どちらも使用頻度の高いものばかりです。

❶ 「AはBと同じくらい〜だ」

シーン5 (P.58-59) では比較構文「AはBよりも〜」を学びました。
ここでは「AはBと同じくらい〜だ」という同等比較文を2つ紹介します。

A + se + 形容詞, 一部の名詞など + B

1つめは、比較するAとBの間に、「形容詞や一部名詞など」を置く方法です。そのとき、形容詞には必ず接頭辞seをつけるのがポイントです。

Peraturan baru itu + <u>serumit</u> + peraturan lama.
  その新しい規則は　　同じくらい複雑　　古い規則

その新しい規則は古い規則と同じくらい複雑だ。

▶ rumit 複雑な、面倒な

A + sama + 形容詞, 一部の名詞など + dengan + B

2つめは、比較するAとBの間に、「sama + 形容詞、一部名詞など + dengan」を置く方法です。samaは「同じ、一緒に」、denganは「〜と」という意味の語ですが、実は1つめに出てきたseはこのsamaからきたものです。

Peraturan baru itu + <u>sama rumit</u> + <u>dengan</u>
  その新しい規則は　　同じくらい複雑　　〜と

  + peraturan lama.
   古い規則

その新しい規則は古い規則と同じくらい複雑だ。

どちらを使ってもよいですが、覚えやすい方のパターンをお奨めします。以下はAを用いた例文です。

私はあなたと同年齢です。
Saya seusia Anda.   Saya sama usia dengan Anda.

❷ 疑問文・否定文の作り方

疑問詞がないとき疑問文にするには3つの方法があります。(1) apakahを文頭につける (2) 疑問詞apaを文頭につける (3) 何もつけず日本語と同じように、文末を上がり調子に読むことです。それぞれ「はい」か「いいえ」の答えを求める疑問文になります。読みかたは基本的にどれも文末を上げ調子です。

<u>Apakah</u> Ibu sudah punya rancangan revisi peraturan ?
あなたは、規則の改定案をお持ちですか。
<u>Apa</u> Ibu sudah punya rancangan revisi peraturan ?
あなたは、規則の改定案をお持ちですか。
(Ibu) sudah punya rancangan revisi peraturan ?
(あなたは、) 規則の改定案を持っています。

では、これら3つの疑問文の違いは何でしょうか、実はフォーマル度に差があるのです。apakahをつける形が最もフォーマルで、apaはそれに準じます。一方、日常会話の疑問文ではapakahをつけないのが一般的ですし、主語を省略するとやや雑なフォーマルさになります。なお、電話会話のように相手の顔が見えない場合は、apakahをつけることがあります。

🔖 ココに注意

フォーマルで使う場合は、apakahをつけた形がお奨めです。apaをつける形もよく使われますが、疑問詞apa (何) と混同しやすいので慣れない間は無理して使わないでください。

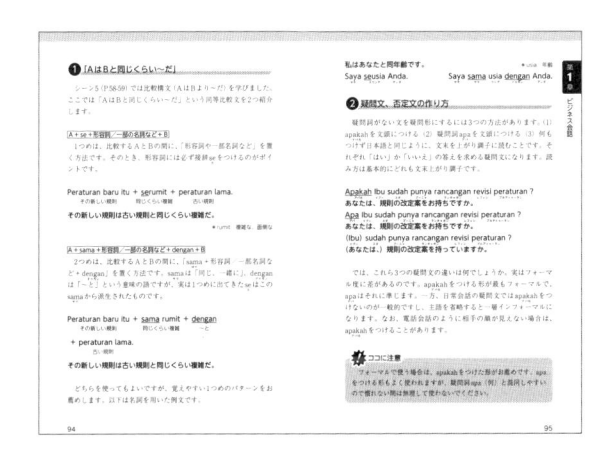

●解説

ダイアローグに登場した言い回しや文法項目を解説しています。

●ココに注意／ワンポイント

間違いやすい点や気をつけなければならない点、上手に話すためのポイントや豆知識などを解説しています。

文を作ろう！

次の文をインドネシア語に直してみましょう。

1. 弟はジャカルタから来ました。

2. 私は家で彼女について話したいです。
  ヒント
  ▶ ～したい mau ▶ 彼女 dia
  ▶ 家で di rumah ▶ インフォーマルな会話文にしましょう。

3. 私達はその提案について役員会議で議論せねばなりません。
  ヒント
  ▶ 私達 kita ▶ 役員会議で di rapat direksi
  ▶ 〜について (議論する)、のフォーマル動詞にする種類があります。

4. できれば、タクシーを呼んでくださいね。
  ヒント
  ▶ タクシー taksi ▶ 〜を呼ぶ panggil

5. 了解しました。
  ▶ 相手はかなり心の知れた間柄の男性です。BapakやPakを省くくだけなほぼ敬意を欠いた言葉にしましょう。

読んでみよう！

前のページでつくったインドネシア語を確認し、声に出して読んでみましょう。

1. **Adik datang dari Jakarta.**
  解説 datang のdは舌を上の歯の裏に押し付けて [t、nga (グ)、nge (ゲ)、ngi (ギ)、ngo (ゴ)] となります。ただし、母音が入らないように (ツ) と発音します。

2. **Saya mau bicara tentang dia di rumah.**
  解説 rumahの最後のhは発音しないので、「ルマー」ではなく「ルマ」とやや短く読みます。

3. **Kita harus berbicara tentang (membicarakan) proposal itu di rapat direksi.**
  解説 direksiのiは疑問詞のi (〜で) ではなく [di]「で」と、必ず [ディ] と読み、[ヂィ] などとは読まないように注意しましょう。

4. **Kalau bisa, panggil taksi ya.**
  解説 最後のya は〜でしょうね、〜でしょうで文全体を付加疑問文にするので、やや上がり調子で読みましょう。

5. **Siap, Pak.**
  解説 Siap の最後の p [〜ップ] は、やや突き放すように [シアッ] と読み、最後に軽く [プ] とつけて読みましょう。

●文を作ろう！

各シーンに登場した単語や言い回しを利用して、文章を作ってみましょう。

●読んでみよう！

「文を作ろう！」の解答になっています。確認をしながら、CDを聞いて発音もチェックしてみよう。

目次

本書の特長と使い方 …………………………………………………………………… 4
インドネシア語を知ろう ……………………………………………………………… 9

第1章 ビジネス会話

シーン1 赴任先で自己紹介 …………………………………………………… 18
自己紹介／前置詞1／あいさつ表現
フォーマル動詞

シーン2 支店開設についての打ち合わせ ……………………………… 27
語根動詞／接辞berのつく動詞（Ber動詞）
命令依頼表現1
フォーマル動詞

シーン3 秘書に仕事を頼む …………………………………………………… 36
接辞meのつく動詞（Me動詞）／「できる限り〜」
フォーマル動詞

シーン4 支店開設準備の報告 ……………………………………………… 45
数詞1／「第1に〜、第2に〜、第3に〜」
フォーマル動詞

シーン5 自社工場を案内する ……………………………………………… 53
接辞me-iのつく動詞（Me-i動詞）／最上級と比較構文
フォーマル動詞

シーン6 電話でレストランを予約する ………………………………… 62
助動詞bisa（できる）と電話会話の丁寧表現
時刻と時間1／時刻と時間2
フォーマル動詞

シーン7 航空会社の職員に確認する ……………………………………… 71
接辞me-kanのつく動詞（Me-kan動詞）／疑問詞
フォーマル動詞

シーン8	工場を案内してもらう	81

助数詞や数字に関係する表現／接辞nyaの用法／数詞2
フォーマル動詞

シーン9	意見交換	92

「AはBと同じくらい～だ」／疑問文、否定文の作り方
接辞per-an/pe-anのつく名詞（Per-an名詞／Pe-an名詞）
フォーマル動詞

シーン10	研修会の司会	102

接辞memperのつく動詞（Memper動詞）
受動態文1（1～2人称）／接辞peのつく名詞（Pe名詞）
フォーマル動詞
コラム：インドネシア人の名前ってどうなっているの？

シーン11	電話対応	113

関係代名詞yang1／命令依頼表現2
フォーマル動詞
コラム：もう結婚していますか？（Sudah menikah?）

第2章 生活会話

シーン12	仕事内容をメイドさんに指示する	124

人称代名詞と敬称の使い分け／命令依頼表現3
接続詞1（dan、atau、tetapi）
フォーマル動詞
コラム：ショッピングモール

シーン13	運転手に翌日の予定を確認する	134

接続詞2（karena、agar）／時刻と時間3
曜日と年月日／nantiとtadiの用法
フォーマル動詞

シーン14	ショッピングモールで買い物	145

adaの使い方／接辞ke-an1（一定レベルを著しく超える）
関係代名詞yang2／前置詞2
フォーマル動詞

目次

シーン15 食品売り場で買い物 ……………………………………… 153
受動態文2（3人称）／関係代名詞yang 3（yang + 受動態文）
フォーマル動詞

シーン16 友人とレストランで食事 …………………………………… 163
「AとBのどちらのほうが、より〜ですか」
接辞ter（Ter動詞、Ter形容詞、Ter副詞）
フォーマル動詞

シーン17 医師に症状を告げる ………………………………………… 172
接辞ke-an 2（被害を受けたときの表現）
傷病時の表現sakit〜／接辞anのつく名詞（An名詞）
フォーマル動詞
コラム：宗教（agama）の存在

シーン18 薬局で薬を買う ……………………………………………… 181
助動詞1／「何回？」「〇回」「何回目？」「〇回目」
接続詞3（sebelum、sesudah）
フォーマル動詞

シーン19 タクシーに乗る ……………………………………………… 190
助動詞2／否定疑問文とそれに対する答え
接続詞4（sehingga、ketika/waktu）
フォーマル動詞
コラム：交通渋滞（macet）

シーン20 取引先の社長宅を訪問 ……………………………………… 198
接辞ke-an 3（Ke-an名詞）／命令依頼表現4
フォーマル動詞

付録：日常生活でよく使う語根動詞リスト ……………………………… 207

インドネシア語を知ろう

インドネシア語ってどんな言語？

インドネシア語は、「ムラユ語」Bahasa Melayu（英語読みでマレー語 Malay）というもともとスマトラ島とマレー半島に挟まれたマラッカ海峡という東西交易路の要地を中心に東南アジア海域部で使われていた言語です。欧米諸国による植民地化が始まる前の15世紀頃から通商語として用いられていました。第2次世界大戦を経て独立したインドネシアではインドネシア語、マレーシアではマレーシア語、シンガポール、ブルネイなどではムラユ語としてしられ使われています。

文字はアルファベットで、発音はほぼローマ字読みなので比較的習得しやすい外国語です。また、文法構造もシンプルだと言われています。

インドネシア語の文法的特徴は？

1 be動詞の欠如

文型は英語のようなbe動詞はなく主部＋述部です。例文1の主部は指示代名詞iniですが、名詞の後に指示代名詞が来ると名詞を修飾する形となり「これ」が「この」に変わります。同様に「それ／あれ」のituも「その／あの」になります。

Ini kamus.「これは辞書です。」
これ／この 辞書

2 修飾語の語順が逆転

修飾語と被修飾語の語順は日本語や英語と異なります。後ろの語が前の語を修飾します。なお、述部に動詞が入る場合は、「主語＋動詞＋目的語」となります。

Buku ini buku baru.「この本は新しい本です。」
本　この　本　新しい

Saya membaca buku baru itu.「私はその新しい本を読みます。」
私　　読む　　本　新しい　その

しかし、数量が絡むと日本語や英語と原則同じ語順になります。下の例文では「3冊の（tiga buah）」が「私の本（buku saya）」より先行していることがわかります。

Dia membaca tiga buah buku saya.「彼は3冊の私の本を読みました。」
ディア ムンバチャ ティガ ブア ブク サヤ
彼　　読む　　　3冊　　　　私の本

3 格助詞の欠如

これまでの例文の「saya（私）」という意味の単語に注目してみましょう。2つ目の文では「私は」、3つ目の文では「私の」と少し意味が違っています。これは英語のような格変化がない代わりに、構文上、人称がどの位置に入るかによって意味が変わるという特徴があるからです。主語なら「私は」、名詞の後なら「私の」、目的語の位置なら「私を」になります（Me動詞はシーン3、格変化はシーン12の各解説を参照）。

4 時制の欠如と助動詞・副詞の活用

インドネシア語は時制によって動詞が変化するのではなく、助動詞や副詞を用いて過去・現在・未来の時制を明確にします。助動詞sudahにより過去のニュアンスがもたらされ、副詞lusaが入ると未来のニュアンスが生まれます。助動詞の位置は主語と動詞の間、副詞は文頭、文末、主語の後に置かれます（時制に関する助動詞、副詞の用法はシーン6、13、18、19、曜日はシーン13の各解説を参照）。

Anda sudah membaca buku itu.「あなたはあの本を（もう）読みました。」
アンダ スダ ムンバチャ ブク イトゥー
あなた すでに～した 読む 本 あの

Lusa teman-teman membaca buku.「明後日友人たちは本を読む予定です。」
ルサ トゥマン トゥマン ムンバチャ ブク
明後日 友人たち 読む 本

5 複数表現

上の例文を見ると、名詞teman（友人）が記号を介しteman-temanになっています。このように名詞を重複させることで複数を表します。

6 敬語の欠如

日本語には敬語があり、例えば「読む」であれば尊敬語「お読みになる」、謙譲語「拝読する／読ませていただく」、丁寧語「読みます」になります。一方インドネシア語には敬語がなく、どれもmembaca（読む）で表します。しかし、これでは相手への敬意や本人の謙虚さが示せないので、人称代名詞

のうち礼儀正しい呼びかけになる2人称「あなた」を用いて微妙なニュアンスを表現します。

例えば、誰に対しても使える Anda（あなた）ではなく、目上の男性に対して使う Bapak を用いることで、「お読みになります」という尊敬表現になります。このようにどの人称代名詞を使うかで全体の丁寧さが変わります（人称代名詞と敬称はシーン12の解説を参照）。

Anda membaca dokumen ini？「あなたはこの書類を読みますか。」
あんだ　　ムンバチャ　　ドクメン　イニ
あなた　　読む　　　　書類　　この

Bapak membaca dokumen ini？「あなたはこの書類をお読みになりますか。」
バパッ(ク)　ムンバチャ　　ドクメン　イニ
あなた　　　読む　　　　書類　　この

7 疑問文と否定文

上記の例文のように疑問詞がない場合でも、文末上がり調子に読むことで疑問文になります。また否定文は、動詞文なら否定詞 tidak を主語と動詞の間に、名詞文なら bukan を主部と述部の間に置きます（疑問文、否定文と答え方はシーン9の解説を参照）。

動詞文

Anda tidak membaca dokumen ini.「あなたはこの書類を読みません。」
アンダ　ティダッ(ク)　ムンバチャ　　ドクメン　イニ
あなた　〜ない　　　読む　　　　書類　　この

名詞文

Ini bukan buku.「これは本ではない。」
イニ　ブカン　ブクー
これ　〜ない　本

8 接辞、語根、派生語

インドネシア語には、特定の接辞が特定の語根（基本的な単語。原形）につき、本来の意味と同じ、または異なる新たな動詞・名詞・形容詞・副詞などを派生させます。これら派生語のうち、名詞や動詞は書き言葉やフォーマルな場で使われる語になります。特に動詞は、語根と派生語とで意味が同じであれば前者が日常会話、後者がフォーマルな場で用いられるビジネスでは不可欠な単語になります。

接辞にはさまざまな形があり、語根の前に置かれると接頭辞、後に置かれると接尾辞とも言います。

語根：baca　〜を読む
　　　バチャ

接頭辞
- mem + baca ➡ membaca　〜を読む
　　　　　　　　ムンバチャ

接頭辞　　　**接尾辞**
- mem + baca + kan ➡ membacakan　〜に読んでやる、〜を朗読する
　　　　　　　　　　　ムンバチャカン

接頭辞　　　**接尾辞**
- mem + baca + i ➡ membacai　〜を何度も読む
　　　　　　　　　　ムンバチャイ

接頭辞
- ter + baca ➡ terbaca　うっかり読んでしまう、予測可能である
　　　　　　　　トゥルバチャ

　　　　　　接尾辞
- baca + an ➡ bacaan　読み物
　　　　　　　バチャアン

接頭辞
- pem + baca ➡ pembaca　読者
　　　　　　　　プンバチャ

接頭辞　　　**接尾辞**
- pem + baca + an ➡ pembacaan　読書、朗読、解釈
　　　　　　　　　　　プンバチャアン

　1つ重要なことは、すべての語根と接辞がbaca(バチャ)と同じように派生語を生み出すわけではなく、その形態はさまざまだという点です。そのため「特定の接辞が特定の語根について」という言い方をしています。

　例えば、bacaと似たlihat(リハッ(ト))（〜を見る）は、よりフォーマルなmelihat(ムリハッ(ト))（〜を見る）を派生しますが、bacaにはない接頭辞memperと接尾辞kanがついたmemperlihatkan(ムンプルリハッ(ト)カン)（〜を見せる／展示する／表示する）という語も派生させます。反対にbaca(バチャ)にあったpembacaan(プンバチャアン)（読書）に相当するpelihatanというプリハタン派生語はありません。bacaの例から構造を理解したつもりで、ほかの語も同じだと思い込んでしまうと、混乱してしまいます。つまり、インドネシア語は文法上の一貫性や整合性が弱い言語だと言えます。

　この構造を理解していないと、語根から引かねばならない辞書は使えません。言い換えるとこれを理解した上で、語根の意味を把握していれば、関係する派生語を見たとき意味を類推することができます。

ビジネス会話——場に応じた使い分け——

　インドネシア語の特徴について紹介しましたが、ビジネス会話として学ぶときには、どのような点に注意する必要があるでしょうか。ビジネス会話とは、仕事上の会話です。つまり会社内外での会議、打ち合わせ、公式行事、顧客の接待、役所での手続、部下や運転手さんとの会話、工場での指導など

業務に関するあらゆる場面が想定されます。

　他方、言葉の使い方から見ると、インドネシア語は形式的な（フォーマル）場、非形式的な（インフォーマル）場で使う言葉に分けられます。前者は上述のとおりですが、後者は家族や友人間の会話、メイドさんら使用人への指示、私的な買い物や外食時の会話が含まれます。そうなるとフォーマルな場での使い方さえ習得すれば、ビジネス会話はできることになります。フォーマルな場で使う言葉は、法令、契約書、学術論文などで用いられる書き言葉ですから、それを理解し使えるということは、ビジネス会話でも重要です。

　ただし、それのみでは不十分です。なぜなら実際は当事者の上下関係や人間関係が影響し、双方にまたがる会話も多いからです。例えば、社内でも面識のある者同士の打合せや、運転手への指示なら上位者がフランクな言い方になるのが普通ですし、工場で工員さんに「座って」と言いたいのに「ご着席願います」と言ったら奇妙ですよね。また、親しい現地役員宅を訪れた際、非公式ながらフォーマルさが会話には必要です。つまり、その場に応じた言葉の使い分けが不可欠なのです（**表1参照**）。

表1

	フォーマル	中間	インフォーマル
場面	公式行事 社内外の会議 顧客の接待 役所との折衝　他	部内会議 部下への指示 運転手への指示 要人宅訪問　他	家族の会話 友人との会話 使用人への指示 外食、買い物　他
使われる言葉	フォーマル動詞 フォーマル名詞	フォーマル動詞 接辞のない動詞 フォーマル名詞 接辞のない名詞	接辞のない動詞 接辞のない名詞

　文法上フォーマルな会話で重要なことは、「人称代名詞」「受動態」「関係代名詞」「丁寧な命令依頼表現」「接辞のある動詞と名詞」などの各用法です。詳細は各シーンで解説しますが、ここで少しフォーマルな場における接辞のある動詞と名詞について、紹介します。

「フォーマル動詞」と「フォーマル名詞」

　本書では接辞のある動詞と名詞はフォーマルな場で使う動詞と名詞として「フォーマル動詞」、「フォーマル名詞」と呼び、接辞のない動詞、名詞と区別しています。

　もちろん、接辞のない動詞や名詞がフォーマルな場で使われないわけでは

ありません。特に名詞は、事物の名称や固有名詞を表しますので、場面に影響されません。しかし、動詞はフォーマルさが増すにつれ、「フォーマル動詞」が中心になります。またmembacaとpembacaの例が示すように、「フォーマル動詞」と「フォーマル名詞」の間には一定の関連性があり、前者を理解することが後者の理解に直結します。そこで本書では、どの単語が、どのようにしてフォーマル動詞に変わり、どのように使われているのかフォーマル動詞を軸に解説していきます。

以下、主なフォーマル動詞とフォーマル名詞を挙げてみました。詳細は各シーンで解説します。

フォーマル動詞

Ber動詞	・接辞berと変化形+語根（動詞／名詞／形容詞他） henti　停まる→berhenti　停止する ヘンティ　　　　　　　ブルヘンティ
Me動詞	・接辞meと変化形+語根（動詞／名詞／形容詞他） jual　～を売る→menjual　～を販売する ジュアル　　　　　　　ムンジュアル
Me-i 動詞	・接辞meと変化形+語根（動詞／名詞／形容詞他）+接尾辞i hampir　ほとんど～な→menghampiri　～に接近する ハンピル　　　　　　　　　　ムンハンピリ
Me-kan 動詞	・接辞meと変化形+語根（動詞／名詞／形容詞他）+接尾辞kan naik　上がる、乗る→menaikkan　～を引き上げる ナイク　　　　　　　　　　ムナイカン
Memper 動詞	・接頭辞memper+語根（動詞／名詞／形容詞他） ・接頭辞memper+語根（動詞／名詞／形容詞他）+接尾辞i/kan panjang　長い→memperpanjang　延長する パンジャン　　　　　　ムンプルパンジャン baik　良い→memperbaiki　～を修理する バイク　　　　　　ムンプルバイキ hitung　数える→memperhitungkan　～を計算する、予測する ヒトゥン　　　　　　ムンプルヒトゥンカン
Di動詞	・接頭辞di+語根（主にMe動詞）　＊3人称受動態文で使用 menjual→dijual　～により販売される ムンジュアル　ディジュアル
Di-i動詞	・接頭辞di+語根（Me-i動詞）+接尾辞i　＊3人称受動態文で使用 menghampiri→dihampiri　～により接近される ムンハンピリ　　　ディハンピリ
Di-kan 動詞	・接頭辞di+語根（Me-kan動詞）+接尾辞kan　＊3人称受動態文で使用 menaikkan→dinaikkan　～により引き上げられる ムナイカン　　ディナイカン

14

Diper 動詞	・接頭辞diper＋語根（Memper動詞）　＊3人称受動態文で使用 ・接頭辞diper＋語根（Memper動詞）＋接尾辞 i/kan memperpanjang→diperpanjang　〜により延長される memperbaiki→diperbaiki　〜により修理される memperhitungkan→diperhitungkan　〜が計算される、予測される

フォーマル名詞

Per-an 名詞	・接頭辞per＋語根（主にBer動詞）＋接尾辞an henti/berhenti→perhentian　停止、停留所
Pe-an 名詞	・接頭辞peと変化形＋語根（Me/Me-i/Me-kan各動詞）＋接尾辞an jual/menjual→penjualan　販売
Pe名詞	・接頭辞peと変化形＋語根（Me/Me-i/Me-kan各動詞） kerja　仕事、働く→bekerja　働く→pekerja　作業員 baca/membaca→pembaca　読者
An名詞	・語根（Me/Me-i/Me-kan各動詞）＋接尾辞an masak　（料理）をつくる→memasak　〜を調理する→masakan　料理 satu　1→satuan　単位、部隊

フォーマル動詞・フォーマル名詞混合形態他

Ke-an 動詞	・接頭辞ke＋語根（主に形容詞）＋接尾辞an manis　甘い→kemanisan　甘すぎる
Ke-an 被害動詞 他	・接頭辞ke＋語根（形容詞、名詞、動詞他）＋接尾辞an dingin　寒い、冷たい→kedinginan　凍える lihat/melihat　〜を見る→kelihatan　〜が見える
Ke-an 名詞	・接頭辞ke＋語根（形容詞、名詞、動詞他）＋接尾辞an mewah　豪華な、贅沢な→kemewahan　豪華、栄光
Ter 形容詞	・接頭辞ter＋語根（形容詞） panjang→terpanjang　最長の、最も長い
Ter動詞	・接頭辞ter＋語根（動詞／名詞／形容詞他） daftar　表、リスト→terdaftar　登録済みの tidur　寝る→tertidur　居眠りする　tawa　笑う→tertawa　笑う

「フォーマル動詞」と「フォーマル名詞」の習得に向けて

　「フォーマル動詞」、「フォーマル名詞」というものがどういうものか、そして、ビジネスや生活において使うことができれば、いかに有用なものであるかイメージいただけたかと思います。次の課題は、これをどのように習得するかです。

　ここで細かいことは言いません。要点は3つです。

　第1はこれらの動詞や名詞を生み出している語根、接辞、派生語の関係を中心に**「仕組み」**を大まかに理解すること、基礎文法の把握です。

　第2は基礎文法を把握する必要はあるが、その際かかる仕組みが固定化された「法則」と思い込まず、法則的な部分を含みつつ、どちらかと言えば**緩やかな「傾向」**であるとしっかり認識し、柔軟に構えることです。多くの入門書が正しい例文を用いて語根、接辞、派生語の関係を丁寧に解説していますが、赴任後インドネシア語を使う学習者にとっての悩みは、自分は正確に話しているのに、相手のインドネシア人の言うことが自分と違ってよく分からない、その結果通じているのか不安になるというものです。原因は前述の通りインドネシア語が**文法的に一貫性や整合性が著しく弱い**ということ、さらにヨーロッパに匹敵する広大な領域に多様な民族が暮らすインドネシア、ムラユ語としての共通性をもちつつ**インドネシア語も多様である**からです。合理的に理解することが困難な言語と言えますが、別の視点に立てば、これはインドネシア語のもつ「言葉の豊かさ」や「奥深さ」と言えるでしょう。例外が出てきても焦らず、また新たな発見だというように楽しむことが、重要です。

　第3はできる限り多くの単語をそのまま吸収し、使えるように努めることです。例えば、動詞baca（〜を読む）にはmemをはじめ多くの接辞がついて新たな「フォーマル動詞」や「フォーマル名詞」を派生しますが、なぜそうなるのか仕組みの話は脇に置いておき、pembacaan（読書）という語が出てきたら、もうそのまま覚えてしまいましょう。その際すでに語根の意味が分かっていたら、派生語の意味を類推できますし、分からなくても仕組みを理解していれば辞書を引いて意味に到達することができます。ある程度単語力がつくと、自然にこの語根は「このような派生語にはならない」などと見分けがつくようになり、自分で組み立てることもできるようになるでしょう。しかし、それは先の話です。

　今はできるだけ多くの単語を覚え、使えるようになることが先決です。まずは、本書のダイアローグ、解説、練習問題に取り組み、ビジネスパーソンにとって必要な、「場に応じた言葉の使い分け」を身につけていきましょう。

第1章
ビジネス会話

[シーン] 1 赴任先で自己紹介

赴任して間もない岡太郎さんが、自己紹介をしています。

岡: Kenalkan, nama saya Taro Oka.
Saya bekerja di Bagian Pemasaran.

ハルトノ: Saya Hartono, Bagian Personalia.
Saya senang bertemu dengan Bapak.

岡: Saya juga senang bertemu dengan Pak Hartono.
Ngomong-ngomong, saya pernah ketemu Bapak?

ハルトノ: Ya, kita bertemu tahun lalu.
Ketika itu saya bertugas sebagai Kahumas di Surabaya.

岡: 初めまして、私の名前は岡太郎です。
　　マーケティング部に勤務しています。
ハルトノ: （私は）人事部のハルトノです。お目にかかれて幸いです。
岡: 私もハルトノさんにお目にかかれて幸いです。
　　ところで、あなたに会ったことがありますか。
ハルトノ: はい、昨年お会いしています。
　　当時私はスラバヤで広報部長として勤務しておりました。

主な語句

bekerja [ブッ(ク)ルジャ]	働く、仕事する、作業する、勤務する
di [ディ]	～で、に、の
Bagian Pemasaran [バギアン プマサラン]	マーケティング部
Bagian Personalia [バギアン プルソナリア]	人事部
Bapak (Pak) [ババッ(ク)]	あなた（男性に対する丁寧な二人称。Pakは親しくなると使う省略形）
juga [ジュガ]	～もまた
ngomong-ngomong [ゴモン ゴモン]	ところで（omong-omong [オモン オモン] とも言う）
pernah [プルナ]	かつて～したことがある
ketemu [クトゥムー]	会う
ya [ヤー]	はい（返事）
kita [キタ]	私たち
tahun lalu [タフン／タウン ラルー]	昨年、去年
ketika itu～ [クティカ イトゥー]	その頃、その当時（ketika…～の頃、～のとき）
bertugas [ブルトゥガス]	任務に就く、担当する、勤務する
sebagai [スバガイ／スバゲイ]	～として
Kahumas [カフーマス]	広報部長

覚えておきたいフレーズ

Kenalkan, nama saya ○○. クナールカン　ナマ　サヤ	**訳** 初めまして、私の名前は○○です。 **単語** kenalkan…初めまして 　　　 nama…名前　saya…私の
senang bertemu dengan ○○. スナン　ブルトゥムー　ドゥガン	**訳** ○○さんにお目にかかれて幸いです。 **単語** senang…楽しい、幸せな 　　　 bertemu…会う　dengan…～と

第1章 ビジネス会話

❶ 自己紹介

kenalkan（初めまして）は自己紹介をする際に用いる表現です。kenalkanに続けて自分の名前を言います。

ダイアログで岡さんと会話するハルトノさんは、同年代の社員という設定ですが、仮に相手の年齢や地位が岡さんより上であったり、よりフォーマルな場であいさつしたりする場合は、kenalkanに接辞がいたperkenalkanを使います。

Kenalkan, nama saya Taro Oka.
初めまして、私の名前は岡太郎です。

⬇

Perkenalkan, nama saya Taro Oka.
初めまして、岡太郎と申します。

❷ 前置詞1

もっとも基本的な前置詞、di、ke、dari、denganはさまざまなシーンで登場します。まずはこれらから習得しましょう。

■ **di** 〜に、で、の

Saya bekerja di Bagian Pemasaran.
マーケティング部に勤務しています。

Saya pernah ketemu Bapak di Surabaya.
スラバヤであなたと会ったことがあります。

Saya ambil es krim di kulkas. 冷蔵庫のアイスを取ります。

＊ambil 取る　es krim アイス　kulkas 冷蔵庫

■ **ke** 〜へ

Bapak pergi ke Bagian Personalia.
あなたは人事部へ行きます。

■ dari 〜から

Pak Hartono datang dari Surabaya.
ハルトノさんはスラバヤから来ました。　　*datang　来る

■ dengan 〜と、一緒に、〜で

Saya senang bertemu dengan Bapak.
あなたとお目にかかれて幸いです

Dia pergi ke Bagian Pemasaran dengan saya.
彼女は私と一緒にマーケティング部へ行く。　　*dia　彼、彼女

Saya makan es krim dengan sendok.
スプーンでアイスを食べます。　　*sendok　スプーン

❸ あいさつ表現

ダイアローグではKenalkan（初めまして）という語から会話が始まっていますが、日常的には様々なあいさつ表現が使われます。以下に、代表的な言い方をまとめます。とりわけ、形容詞selamat（平安な）に特定の語をつけるとあいさつ表現になる点がポイントです。pagi（朝）、siang（昼）、sore（夕方）、malam（夜）とselamatが組み合わされ、それぞれの時間帯におけるあいさつになります。

おはようございます。(午前10時頃まで)	Selamat pagi.
こんにちは。(午前10時〜午後4時頃)	Selamat siang.
こんにちは。(午後4時〜6時頃)	Selamat sore.
こんばんは。(午後6時頃〜)	Selamat malam.
お元気ですか。	Apa kabar ?
- 元気です。	- Baik-baik saja.
- 体調不良です。	- Tidak enak badan.
- まあまあです。	- Lumayan

第1章　ビジネス会話

なおSelamat pagi.、Selamat siang.、Selamat sore.、Selamat malam.は、別れる際の「さようなら」という意味でも使います。また、Selamat.だけなら「おめでとうございます」という意味でも使われています。

selamatの後に何らかの動詞をつけることで、ある種のあいさつ表現になります。

Selamat + makan　食べる

⬇

Selamat makan.　　召し上がれ／楽しいお食事を。

以下、その他のあいさつ表現を紹介します。状況に応じ、必要と感じられるものから順次覚えて使ってみましょう。

- （どうも）ありがとうございます。　　**Terima kasih (banyak).**
- お互い様です。／こちらこそ。　　**Sama-sama. / Kembali.**

(親しい者同やインフォーマルな場での言い方)

- どういたしまして。　　**Terima kasih kembali.**

(フォーマルな場での言い方)

- ごめんなさい。すいません。　　**Maaf.**

(軽く謝る際や日本語の「すみません」という呼びかけに似ている)

- ごめんなさい。(謝罪する際の言い方)　　**Minta maaf.**
- 申し訳ありません。　　**Mohon maaf.**

(Maaf、Minta maafより謝罪の度合いが深くフォーマルさも増す)

- すみません、失礼します。　　**Permisi.**

(謝罪的な意味ではなく、声をかける際の言い方)

- また会いましょう。(親しい者同士やインフォーマルな言い方)

Sampai ketemu lagi. / Sampai jumpa lagi.
Sampai berjumpa lagi. (フォーマルな言い方)

ココに注意

インドネシア語には敬語がありません。ですから、Selamat pagi. は「おはようございます」と「おはよう」の両方の意味になります。そこで、二人称代名詞を上手に使うことで、相手に対し敬意を込めた丁寧な言い方にすることができます。

Q 朝、あなたは現地法人の役員マリアさんとばったり会ってしまいました。そのときの挨拶は？

A Selamat pagi. おはようございます。／おはよう。
→Selamat pagi, Ibu/Bu. おはようございます。

この場合、女性に対する丁寧な「あなた」であるIbuや、その省略形のBuをつけるだけで、あなたの敬意が反映された文になります。

また、あなたが客で相手が店員というようにあなたの方が上位にある場合であっても、相手が年上（女性）ならIbuやBuを添えると丁寧な言い方になります。

シーン12（P.126-127）の表を見て、ほかの人称も使いこなせるようにしましょう。

❹ シーン１で使われたフォーマル動詞

ここでは、Ber動詞のフォーマル動詞が使われています。Ber動詞そのものについては、P.29-30の解説を読んで理解しましょう。

・kerja　仕事、働く
　➡ <u>bekerja</u>　働く、仕事する、作業する、勤務する
Saya <u>kerja</u> di Bagian Pemasaran.
私はマーケティング部で働いています。

　➡ Saya <u>bekerja</u> di Bagian Pemasaran.
　　私はマーケティング部で勤務しています。

kerjaには名詞の意味もあり、接辞berをつけることで、明確に動詞化されます。なお、語根の第1音節にerの音がある場合、接辞

はberではなくbeに変化します。

・ketemu　会う、出会う
　➡ <u>bertemu</u>　お会いする、お目にかかる、会見する、遭遇する
Saya pernah <u>ketemu</u> Bapak？
私はあなたと会ったことがありますか。

　➡ Saya pernah <u>bertemu</u> <u>dengan</u> Bapak？
　　私はあなたにお目にかかったことがありますか。

　日常的にはketemuが用いられ、語根temu（会う）のみでは使われません。bertemuを用いるときは、前置詞dengan（〜と）を置かねばなりません。

・bekerja　働く、仕事する、作業する、勤務する
　➡ <u>bertugas</u>　勤務する、任務に就く、担当する
Saya <u>bekerja</u> di Bagian Pemasaran.
私はマーケティング部に勤務しています。

　➡ Saya <u>bertugas</u> di Bagian Pemasaran.
　　私はマーケティング部の業務に携わっています。

　bertugasは名詞tugas（任務、職務）から派生した動詞です。基本的な意味はkerjaやbekerjaと同じですが、よりフォーマルな言い方です。

文を作ろう！

次の文をインドネシア語に直してみましょう。

1 初めまして、私の名前は青山一樹です。

2 あなたにお目にかかれて幸いです。

ヒント
▶相手を年配女性として「あなた」は Ibu を使ってみましょう。

3 本社で業務に従事しています。

ヒント
▶本社…Kantor Pusat

4 お元気ですか。

5 まあまあです。

読んでみよう！ ㉂

前ページでつくったインドネシア語を確認し、声に出して読んでみましょう。

1 Kenalkan, nama saya Kazuki Aoyama.
クナールカン　ナマ　サヤ　カズキ　アオヤマ

解説 インドネシア語の母音は日本語と同じa［ア］、i［イ］、u［ウ］、e［エ］、o［オ］に曖昧音のe［ウ］の6つです。kenalkanのeは、この曖昧音に該当するので、「エ」と発音せず、口は「エ」のまま「ウ」と発音しましょう。

---

2 Saya senang bertemu dengan Ibu.
サヤ　スナン　ブルトゥムー　ドゥガン　イブー

解説 ここには母音のu［ウ］が2つあります。曖昧音のe［ウ］と区別するため、uを発音する際は、やや唇を丸めて「ウー」、即ちbertemu［ブルトゥムー］、Ibu［イブー］と読みましょう。

---

3 Saya bertugas di Kantor Pusat.
サヤ　ブルトゥガス　ディ　カントール　プサッ（ト）

解説 注意する発音は、Pusatです。インドネシア語には、音にならない詰まった音があります。子音t［−］が語末に来た場合は、やや突き放すような感じで「プサッ」と読み、最後に軽く「ト」とつけるようにしてみましょう。

---

4 Apa kabar？
アパ　カバール

解説 kabarの最後の子音r［エル］は、舌先をどこにも触れさせず震わせる巻き舌の「エル」です。

---

5 Lumayan.
ルマヤン

解説 lumayanの最初の子音l［エル］は、4のrと違って、舌先を歯ぐきに押し当てて発音しましょう。

[シーン] 2 支店開設についての打ち合わせ ③

岡さんが、部下のインドネシア人スタッフと打ち合わせをしています。

岡: Aryo San, bagaimana proposal pembukaan cabang?
アルヨ　サン　バガイマナ　プロポーザル　プンブカアン　チャバン

アルヨ: Belum selesai, Pak. Kita masih berbicara apakah timingnya tepat atau tidak.
ブルーム　スルサイ　パッ(ク)　キタ　マシ　ブルビチャラ　アパカ　タイミングニャ　トゥパッ(ト)　アタウ　ティダッ(ク)

岡: Baiklah. Tetapi minggu depan saya harus bicara tentang pembukaan cabang itu kepada direksi. Kalau bisa, ikut rapat dengan saya ya.
バイクラ　トゥタピ　ミングー　ドゥパン　サヤ　ハルース　ビチャラ　トゥンタン　プンブカアン　チャバン　イトゥー　クパダ　ディレクシ　カロウ　ビサ　イクッ(ト)　ラパッ(ト)　ドゥガン　サヤ　ヤー

アルヨ: Siap, Pak Oka.
シアッ(プ)　パッ(ク)　オカ

岡: アルヨさん、あの支店開設の企画書はどうですか。

アルヨ: まだ終わっていません。このタイミングでよいかどうかを(私たちは)まだ議論しているところです。

岡: わかりました。しかし来週、私は役員にその支店開設について話さねばなりません。
できれば、私と一緒に会議に出席してください。

アルヨ: 了解しました。

主な語句

Aryo san [アルヨ サン]	アルヨさん（男性の名前。日本的敬称「さん」の使用についてはP.128参照）
bagaimana [バガイマナ/バゲイマナ]	どのように、どのような
proposal [プロポーザル]	企画書、計画、提案
belum [ブルーム]	まだ〜でない
selesai [スルサイ/スルセイ]	終わる、終了する
masih [マシ]	まだ〜している
baiklah [バイクラ]	わかりました、はい
tetapi [トゥタピ]	しかし、けれども
minggu depan [ミングー ドゥパン]	来週
harus [ハルース]	〜しなければならない
kepada [クパダ]	〜に（人間や団体組織に対して用いる前置詞）
direksi [ディレクシ]	役員
ikut [イクッ(ト)]	一緒に行く、（人に）ついていく、出席する、従う
rapat [ラパッ(ト)]	会議
siap [シアッ(プ)]	了解です

覚えておきたいフレーズ

apakah timingnya tepat atau tidak アパカ　タイミングニャ トゥパッ(ト) アタウ ティダッ(ク)	**訳** このタイミングでよいかどうか **単語** apakah…〜ですか timingnya…このタイミング tepat…ちょうど良い、正しい、 atau tidak…〜かどうか
kalau　　bisa,〜 カラウ/カロウ　ビサ	**訳** できれば、もしできるなら **単語** kalau…もし〜ならば bisa…できる

❶ 語根動詞

インドネシア語の動詞には、(1) 接辞がつかず語根(基本的な単語)だけの語根動詞と、(2) 特定の接辞が特定の語根につく動詞の2種類があります。まずは (1) 語根動詞から紹介します。

語根動詞は、目的語が必要とならない自動詞です。文型としては、主語の後に動詞を置きます。これらの単語は日常生活で必要とされる言葉ですので、例文を参考にしてそのまま使えるようにしましょう。また、巻末の「日常生活でよく使う語根動詞リスト」(P.207) も確認してみてください。

Saya <u>ada</u> di Jakarta. 　私はジャカルタに<u>います</u>。
サヤ　アダ　ディ　ジャカルタ

Ibu saya <u>bangun</u> pagi-pagi. 　私の母は朝早く<u>起きます</u>。
イブー　サヤ　バングン　パギ　パギ

Kalian <u>datang</u> dari sekolah. 　君たちは学校から<u>来ます</u>。
カリアン　ダタン　ダリ　スコラ

Dia <u>makan</u> nasi goreng di restoran.
ディア　マカン　ナシ　ゴレン　ディ　レストラン
　　　　　　　　　彼女はレストランでナシゴレンを<u>食べます</u>。

Adik <u>pergi</u> ke Tokyo. 　弟は東京へ<u>行きます</u>。
アディッ(ク)　プルギ　ク　トーキョー

Sekarang harga bensin <u>naik</u>.
スカラン　ハルガ　ベンシン　ナイク
　　　　　　　　　現在ガソリン価格が<u>上がっています</u>。

Matahari <u>terbit</u>. 　太陽が<u>昇ります</u>。
マタハリ　トルビッ(ト)

Dia <u>berangkat</u> ke toko. 　彼女は店へ<u>出発します</u>。
ディア　ブランカッ(ト)　ク　トコ

❷ 接辞 ber のつく動詞(Ber 動詞)

Ber 動詞とは、接辞 ber が特定の語根について派生された動詞を指します。語根の多くは動詞と名詞ですが、一部形容詞や数詞などもあります。文法的に Ber 動詞の大半は自動詞ですが、目的語にかかる他動詞も一部含まれる場合があります。基本文型は、主語の後に動詞を置く形です。それでは例文を見てみましょう。

■ 動詞につくパターン (ber +語根)
- ber + main ➡ bermain　遊ぶ、(スポーツ／音楽)をする
  Ia bermain golf di Indonesia.
  彼はインドネシアでゴルフをします。

■ 名詞につくパターン (ber +名詞)
- bel + ajar ➡ belajar　〜を学ぶ、勉強する
  Murid itu belajar bahasa Inggris.
  その生徒は英語を勉強します。

　　　　　　　　　　＊ajarのみは例外的に接辞berではなくbelがつく
　　　　　　　　　　＊語根のajarは名詞の「教え、指示」

- ber + renang ➡ berenang　泳ぐ、水泳する
  Kami berenang di rumah.　私達は家で水泳をします。
  ＊単語の最初の音がrから始まる場合、接辞berがついた後1つrが取れる
  　　　　　　　　　　＊語根のrenangは名詞の「水泳」

■ 形容詞につくパターン (ber +形容詞)
- ber + gembira ➡ bergembira　喜ぶ
  Rudi sedang bergembira.　ルディーは喜んでいます。
  　　　　　　　＊sedang　〜している　　gembiraは形容詞「嬉しい」

■ 数詞につくパターン (ber +数詞)
- ber + dua ➡ berdua　2人で一緒に
  Mereka berdua pulang ke hotel.
  彼女たちは2人でホテルへ帰ります。

ココに注意

接辞berは、全ての動詞、名詞、形容詞、数詞、副詞につくわけではありませんから、まずは本書で紹介するパターンから、使えるように練習してください。単語が増えてくると、自然にberがつく語根とそうでない語根との区別が見分けられるようになるでしょう。

接辞がつくことでフォーマル動詞になりますが、特に動詞の語根から派生するBer動詞の場合、動詞のときと意味が同じ場合が多く、そのときは接辞がついている方がフォーマル動詞だということになります。

また、名詞、形容詞、副詞の語根につくと、ほぼ語根本来の意味に関係する動詞になりますが、一部副詞などに変化することもあるので注意しましょう（例：dua2→berdua二人で一緒に）。

❸ 命令依頼表現1

インドネシア語の命令形は、主語を省略し、動詞から始まるのが基本的な形です

<u>Anda</u> ikut rapat dengan saya.
あなたは私と一緒に会議に来ます。 ＊dengan〜 〜と

⬇

Ikut rapat dengan saya. 私と一緒に会議に来なさい。

この文では、主語Anda（あなた）を取り除くことで、基本的な命令文になります。語根動詞、Ber動詞を用いた命令文の例文を見てみましょう。

<u>Adik</u> pergi ke Tokyo. 弟は東京へ行きます。
➡ Pergi ke Tokyo. 東京へ行け／行きなさい。

<u>Murid itu</u> belajar bahasa Inggris.
<u>その生徒は</u>英語を勉強します。

➡ Belajar bahasa Inggris.　英語を勉強しろ／勉強しなさい。

　命令依頼表現には、丁寧な言い方や他者に何かしないように求める言い方など、ほかにもいくつかあります。それらに関してはシーン11、12、20で紹介します。

ココに注意

　ダイアローグでは、Ikut rapat dengan saya ya.と命令文の後に「ya」がついていました。この付加疑問詞のyaは親しい間柄や上位にある者が下位の相手に対し、命令する際によく用いる言い回しです。yaを添えると、命令口調が柔らかくなるので、日常的に接する会社の運転手さんやスタッフとの会話に欠かせない表現です。

　ただし、初対面の相手や上位の相手に使うと「馴れ馴れしい」印象を相手に抱かせるので、便利ですが気をつけて使いましょう。なお、シーン1で出てくる応答表現「はい」のyaとは異なります。

Minum ini.　　これを飲め／飲みなさい。　　＊ minum　飲む
Minum ini ya.　これを飲みなよ／飲みなさいね。

❹ シーン2で使われたフォーマル動詞

・bicara　話し、おしゃべり、しゃべる、話す
　➡ <u>berbicara</u>　話す、議論する、意見を表明する

Saya harus <u>bicara</u> tentang pembukaan cabang itu kepada direksi.　　　＊pembukaan　開設　　cabang　支店
私は役員にその支店開設について話さねばなりません。

➡ Saya harus <u>berbicara</u> tentang pembukaan cabang itu kepada direksi.
私は役員にその支店開設について話さねばなりません。

bicaraやberbicaraの後に前置詞tentang（～について）を置いていますが、よりフォーマルな表現にしたい場合は、さらに接辞のついた他動詞であるMe-kan動詞membicarakanを使います。この単語は前置詞tentangの意味を含んでおり、一語で「～について議論する、討論する、審議する」という意味になります。(Me-kan動詞はP.73-75参照)

- bicara/berbicara tentang
  ～について話す、討論する、意見を表明する
  ➡ membicarakan　～について議論する、討論する、審議する

Saya harus berbicara tentang pembukaan cabang itu kepada direksi.
私は役員に支店開設について話さねばなりません。

➡ Saya harus membicarakan pembukaan cabang itu kepada direksi.
私は役員に支店開設について話さねばなりません。

ここで1つ疑問がわきます。ダイアログの岡氏は会社でアルヨ氏と、打ち合せをしているのですから、なぜフォーマル動詞であるberbicaraを使わないのでしょうか。その理由は、打ち合せは部内で行われ、岡氏とアルヨ氏との関係は上司と部下であると同時に、親近感や仲間意識があると言えるからです。上司の岡氏がくだけた言い方（bicara）をしても問題はありません。

文を作ろう！

次の文をインドネシア語に直してみましょう。

1 弟はジャカルタから来ました。

---

2 私は家で彼女について話したいんです。

ヒント
- ～したい…mau（マウ）　▶彼女…dia（ディア）
- 家で…di rumah（ディ ルマ）　▶インフォーマルな会話文にしましょう。

---

3 私達はその提案について役員会議で議論せねばなりません。

ヒント
- 私達…kita（キタ）　▶役員会議で…di rapat direksi（ディ ラパッ(ト) ディレクシ）
- 「～について議論する」のフォーマル動詞は2種類あります。

---

4 できれば、タクシーを呼んでくださいね。

ヒント
- タクシー…taksi（タクシー）　▶～を呼ぶ…panggil（パンギル）

---

5 了解しました。

ヒント
- 相手はあなたの顧客男性です。Bapak（バパッ(ク)）やPak（パッ(ク)）を添えてさりげなく敬意を込めた返事にしましょう。

読んでみよう！ ④

前ページでつくったインドネシア語を確認し、声に出して読んでみましょう。

1 Adik datang dari Jakarta.
アディッ(ク)　ダタン　ダリ　ジャカルタ

解説 datangのngは鼻音の［ガ］です。ngの後に母音がつくと、nga［ガ］、ngi［ギ］、ngu［グ］、nge［ゲ］、ngo［ゴ］となります。ただし、母音がつかないと「ン」と発音します。

---

2 Saya mau bicara tentang dia di rumah.
サヤ　マウ　ビチャラ　トゥンタン　ディア　ディ　ルマ

解説 rumahの最後のhは発音しないので、「ルマハー」ではなく「ルマ」となります。

---

3 Kita harus berbicara tentang（membicarakan）
キタ　ハルース　ブルビチャラ　トゥンタン　　　　ムンビチャラカン
proposal itu di rapat direksi.
プロポーザル イトゥー ディ ラパット　ディレクシ

解説 direksiのeは曖昧音のe［ウ］ではなくe［エ］です。必ず「ディレクシ」と発音し、「ディルクシ」と発音しないように注意しましょう。

---

4 Kalau bisa, panggil taksi ya.
カラウ　ビサ　　パンギル　タクシー　ヤー

解説 最後のya「～ですよね、～でしょう」は文全体を付加疑問的にするので、やや上がり調子で読みます。

---

5 Siap, Pak.
シアッ(プ) パッ(ク)

解説 Siapの最後の音p［ペー］は、やや突き放すように「シアッ」と読み、最後に軽く「プ」とつけてみましょう。

[シーン] 3 秘書に仕事を頼む

岡さんは、早急に必要なデータ集めを秘書に頼んでいます。

岡: Santi bisa segera mencari data ini ?
サンティ ビサ スグラ ムンチャリ データ イニ

サンティ: Bisa tetapi perlu waktu lama.
ビサ トゥタピ プルルー ワクトゥー ラマ

Paling lambat kapan, Pak ?
パリン ランバッ(ト) カパン パッ(ク)

岡: Dalam dua hari ini.
ダラーム ドゥア ハリ イニ

Saya ingin baca isinya secepat mungkin.
サヤ イギン バチャ イシニャ スチュパッ(ト) ムンキン

Minta tolong ya, Santi.
ミンタ トロン ヤー サンティ

サンティ: Baik Pak Oka.
バイク パッ(ク) オカ

Saya akan berusaha sebaik mungkin.
サヤ アカン ブルウサハ スバイク ムンキン

岡: サンティ、このデータをすぐに探すことはできますか。
サンティ: できますが、時間がかかりますよ。遅くともいつまでですか。
岡: この2日の間にです。できるだけ早く、内容を読みたいんです。
 サンティ、よろしくお願いしますね。
サンティ: はい、岡さん。できる限りやってみます。

主な語句

bisa [ビサ]	～ができる
segera [スグラ]	すぐに
mencari [ムンチャリ]	探す、捜す、探索する、捜索する
data [ダータ]	データ
tetapi [トゥタピ]	しかし
perlu [プルルー]	～する必要がある、～が必要だ
waktu lama [ワクトゥー ラマ]	長時間
dalam ～ [ダラーム]	～のうちに、～以内に、～の間に
hari [ハリ]	日、曜日（dua hari…2日）
akan [アカン]	～するつもり
berusaha [ブルサハ]	努力する、努める
ingin [イギン]	～したい
baik [バイク]	わかりました、了解しました（シーン2で出てきたbaiklahと同じ意味で使われる）
baca [バチャ]	～を読む
isinya [イシニャ]	その内容、中身

覚えておきたいフレーズ

paling lambat kapan ? パリン ランバッ(ト) カパン	**訳** 遅くともいつまでですか。 **単語** paling lambat…遅くとも、せいぜい kapan…いつ
Minta tolong ya. ミンタ トロン ヤー	**訳** よろしくお願いしますね。 **単語** minta…請う、願う、求める、～をください tolong…助ける、どうか～してください

❶ 接辞meのつく動詞（Me動詞）

　接辞meが特定の語根について派生されたものがMe動詞です。大部分が他動詞ですが、一部の動詞、名詞、形容詞、数詞の語根につくと自動詞にもなります。文構造は、主語の後に置かれ、他動詞なら目的語が続きます。語根動詞、Ber動詞と違う点は、接頭辞meが語根の最初の音により、me、mem、men、meng、meny、mengeの6通りに変化し、同時に最初の音がp、t、k、sの場合、接辞がつくとそれらの音が消えます（一部外来語を除く）。これは後述するほかの動詞（Me-kan動詞やMe-i動詞）でも同様です。

　これらのルールは命令／依頼表現や受動態を使うときの必須知識です。辞書を引く場合も、原則語根から引くので、これらのルールを覚えておく必要があります。

接頭辞	最初の音 ＊消える音は( )	語根	派生語/Me動詞
me	l	lihat 見る リハッ(ト)	me**lihat** 見る ムリハッ(ト)
	m	masak 料理をつくる マサッ(ク)	me**masak** 料理する、調理する ムマサッ(ク)
	n	nikah 結婚、婚姻 ニカ	me**nikah** 結婚する、婚姻する ムニカ
	ng	nganga 口を開けた ガンガ	me**nganga** ムガンガ 唖然とした、（亀裂が）大きく開いた
	ny	nyanyi 歌う ニャニ	me**nyanyi** 歌う ムニャニ
	r	rokok 煙草 ロコッ(ク)	me**rokok** 煙草を吸う、喫煙する ムロコッ(ク)
	w	wabah 流行、蔓延 ワバ	me**wabah** ムワバ （病気が）伝染する、蔓延する
	y	yakin 確信する ヤキン	me**yakini** 確信する＊ ムヤキニ
mem	b	beli 買う ブリ	mem**beli** 買う、購入する ムンブリ
	f	fitnah 中傷、誹謗 フィッ(ト)ナ	mem**fitnah** 中傷する、誹謗する ムンフィッ(ト)ナ
	(p)	pakai 着る、使う パカイ／パケイ	mem**akai** 着る、着用する、使用する ムマカイ／ムマケイ
		produksi 生産、製造 プロドゥクシ	mem**produksi** 生産する、製造する ムンプロドゥクシ
	v	vonis 判決 フォニス	mem**vonis** 裁判する、〜に判決を下す ムンフォニス

men	c	cuci 洗う、洗濯する	mencuci 洗う、洗濯する、洗浄する
	d	dengar 聞く	mendengar 聞く
	j	jual 売る	menjual 売る、売却する
	(t)	tulis 書く	menulis 書く、執筆する、筆記する
meng	a	ambil 取る、撮る	**meng**ambil 撮る、取る、取得する、撮影する
	i	isi 内容、中身	**meng**isi 記入する、補充する、注入する
	u	undang 招く	**meng**undang 招く、招待する、招致する
	e	ejek あざける	**meng**ejek あざける、茶化す
	o	olah 加工する、処理する	**meng**olah 加工する、処理する
	g	gosok ブラシ、刷毛	menggosok ブラシをかける
	h	hafal 暗記する、記憶する	menghafal 暗記する、記憶する
	(k)	kecil 小さい	**meng**ecil 小さくなる、縮小する
meny	(s)	simpan しまう	menyimpan しまう、保存する、保管する
menge	一音節の語	cat ペンキ、塗料	mengecat 〜にペンキを塗る、塗装する

＊meyakini（確信する）はMe動詞ではなく接頭辞meと接尾辞iがつくMe-i動詞です。詳細はシーン5 (P.55-57) 参照

それではMe動詞を用いた例文を見てみましょう。

・lihat 見る
Bapak Oka melihat mobil merah.
岡さんは赤い自動車を見ます。

- masak　料理する
  Saya memasak sukiyaki di dapur.
  私は台所ですき焼きを調理します。
- beli　買う
  Karyawan-karyawan membeli majalah.
  職員達は雑誌を購入ます。
- pakai　着る、(衣服を)身につける、使う
  Kemarin anak saya memakai topi.
  昨日私の子供は帽子を被りました。
- jual　売る
  Mini market menjual berbagai barang.
  コンビニはさまざまな商品を販売しています。
- tulis　書く
  Ia bisa menulis surat di kelas.
  彼は教室で手紙を書くことができます。
- ambil　撮る、取る
  Turis asing mengambil foto di Bali.
  外国人旅行客はバリで写真を撮ります。
- kecil　小さい、小さな
  Gap orang miskin dan orang kaya mengecil.
  金持ちと貧乏人のギャップは縮小しました。
- simpan　しまう
  Atasan Mas menyimpan pensil di laci.
  あなたの上司は引出に鉛筆をしまいました。
- cat　塗料
  Bapak harus mengecat tembok.
  あなたは壁にペンキを塗ります。

ココに注意

接辞 me は Ber 動詞と同じく、全ての語根につくわけではありませんので、やはり単語力を強化することが必要です。

また、接辞がついている Me 動詞は当然フォーマル動詞です。他動詞の場合、語根のときと接辞がついたときとで意味は変わりませんが、そのときは前者の方が、より日常会話的ということになります。

❷「できる限り〜」

形容詞に接辞 se をつけ、その後ろに副詞 mungkin（可能な）を置くと「できる限り〜で」という表現になります。ただし、全ての形容詞がこのような言い回しになるわけではないので、まずは本書で紹介する例を覚えて使えるようにしましょう。

接辞 se ＋形容詞＋ mungkin

・cepat　早い
Saya ingin baca isinya secepat mungkin.
私はできる限り早くその内容を読みたい。

・baik　良い
Saya akan berusaha sebaik mungkin.
私はできる限りやってみます。（＝最善を尽くします）

❸ シーン3で使われたフォーマル動詞

・cari　探す　➡ mencari　探す
Santi bisa cari data ini.
サンティはこのデータを探すことができます。

➡ Santi bisa mencari data ini.
サンティはこのデータを探すことができます。

- baca　読む ➡ membaca　読む
Saya ingin baca isinya.　私はその内容を読みたいのです。
➡ Saya ingin membaca isinya.
　私はその内容を読みたいのです。

ダイアローグでは岡氏がmencariとbacaの両方を使っています。これは職場で勤務中というフォーマルな場面でありながら、気心の知れた秘書との部内における会話なので、どちらを用いても問題ないからです。

- berusaha　努力する、営む、頑張る　　　　＊usaha　努力、事業
    ➡ mengusahakan　最善を尽くす、努力する、事業を営む
Kita berusaha untuk kemajuan organisasinya.
私たちはその組織の発展のため頑張ります。
    ➡ Kita mengusahakan kemajuan organisasinya.
    　私たちはその組織の発展に最善を尽くします。

＊untuk　～に向かって、～のため　kemajuan　発展　organisasinya　その組織

なおmengusahakanはMe-kan動詞に属します。このタイプの動詞についてはシーン7（P.73-75）を参照してください。

文を作ろう！

次の文をインドネシア語に直してみましょう。

1 あなたはすき焼きをすぐに作れますか。

ヒント
▶若い女性に対する丁寧な「あなた」Mbak を使いましょう。
　　　　　　　　　　　　　　　　　　ンバッ(ク)

---

2 遅くともいつまでですか。

ヒント
▶質問してきた相手は年配の女性です。Ibu ないし省略形の Bu を添えましょ
　　　　　　　　　　　　　　　　　　イブー　　　　　　　　　ブー
う。

---

3 この2時間以内にです。

ヒント
▶2時間…dua jam
　　　　ドゥア ジャム

---

4 私はできるだけ多くの資料を見たいです。

ヒント
▶資料、書類…dokumen　　▶多い、沢山の…banyak
　　　　　　　ドクメン　　　　　　　　　　バニャッ(ク)
▶接辞 se +形容詞+ mungkin の用法を用います。
　　　　　　　　　　ムンキン

---

5 彼らはYシャツを会社で着ます。

ヒント
▶Yシャツ…kemeja
　　　　　クメジャ

読んでみよう！ ⑥

前ページでつくったインドネシア語を確認し、声に出して読んでみましょう。

1 Mbak bisa segera memasak sukiyaki？
ンバッ(ク)　ビサ　スグラ　ムマサッ(ク)　スキヤキ

解説 segeraにある2つのe［エ］は、最初が曖昧音のe［ウ］、次がe［エ］です。注意して発音しましょう。

---

2 Paling lambat kapan, Bu (Ibu)？
パリン　ランバッ(ト)　カパン　ブー　イブー

解説 paling［パリン］のngは母音がつかない鼻音の［ガ］です。「ン」と発音しましょう。

---

3 Dalam dua jam ini.
ダラーム　ドゥア　ジャム　イニ

解説 数字と時間表現です。dua＝2［ドゥア］と明確に読みましょう。

---

4 Saya ingin melihat dokumen sebanyak mungkin.
サヤ　イギン　ムリハッ(ト)　ドクメン　スバニャッ(ク)　ムンキン

解説 sebanyakの最後の音k［カ］は詰まった音です。やや突き放すように「スバニャッ」と読み、最後に軽く「ク」とつけてみましょう。

---

5 Mereka memakai kemeja di kantor.
ムレカ　ムマカイ　クメジャ　ディ　カントール

解説 kantorの最後の音r［エル］は巻き舌です。

[シーン] 4 支店開設準備の報告

岡さんが支店開設の準備状況を上司に報告し、質問に答えています。

ティニ: Terima kasih atas penjelasannya, Pak Oka. Tetapi saya ingin bertanya tentang 2 hal lebih detil. Pertama besarnya dana dan kedua siapa calon kepala cabang itu.

岡: Baik Bu Tini. Saya akan menjawab pertanyaan pertama tetapi tentang pertanyaan kedua saya tidak bisa menjawab karena masih dalam proses.

ティニ: Kalau begitu siapa yang akan menjawab pertanyaan kedua ?

岡: Maaf, Bu. Saya sendiri belum tahu.

ティニ: 岡さん、説明ありがとうございます。しかし2点、もう少し詳しくお尋ねいたします。1つめは資金の規模、2つめは誰が支店長なのかという点です。

岡: わかりました。1つめの質問には私がお答えします。2つめに関しては、手続き中なのでお答えできません。

ティニ: そうすると、誰が2つめの質問に答えてくれるんですか。

岡: 申し訳ありません。私自身、まだ知らないのです。

主な語句

atas～ [アタス]	～に対して
penjelasannya [プンジュラサンニャ]	（あなたの）説明
～hal [ハル]	～のこと、～な点、事柄
lebih [ルビ]	より～、もっと～、～以上の
detil [デティール]	詳細な（に）、詳しく
besarnya [ブサールニャ]	規模、大きさ
dana [ダナ]	資金
siapa [シアパ]	誰
kepala cabang [クパラ チャバン]	支店長（kepala…頭、～長）
pertanyaan [プルタニャアン]	質問
tidak [ティダッ(ク)]	～ない（動詞、形容詞、助動詞の否定）
karena [カルナ]	～なので
masih dalam proses [マシ ダラーム プロセス]	まだ手続き中（dalam proses…手続き中）
siapa yang [シアパ ヤン]	誰が～（siapaと同じ意味だが、関係代名詞yangがつくと先行する単語を強調する）

覚えておきたいフレーズ

Kalau begitu ～ カラウ／カロウ ブギトゥー	**訳** もしそうならば～ **単語** kalau…もし～なら begitu…そのような（に）、あのような（に）
Saya sendiri belum tahu... サヤ スンディリ ブルーム タウ	**訳** 私自身まだ～を知らないんです。 **単語** Saya sendiri…私自身 belum…まだ～ない　tahu…知っている

① 数詞1

私たちの日常生活において数字は、時間、時刻、日付などさまざまな場面で使われています。ここでは0から何千という数字を理解しておきましょう。

■ 0 nol / kosong

kosongはもともと「空っぽな」を意味する形容詞ですが、会話ではよく数字の0として用いられます。

■ 1 〜 10

1	satu	2	dua	3	tiga
4	empat	5	lima	6	enam
7	tujuh	8	delapan	9	sembilan
10	sepuluh				

数字の1であるsatuは接辞seに変化し、接頭辞として「何十」を意味するpuluhにつき、sepuluhになります。日本語で「いちじゅう」と言わず「じゅう」と言い切るのに似ています。

× satu puluh　　○ sepuluh

■ 11 〜 20

11	sebelas	12	dua belas	13	tiga belas
14	empat belas	15	lima belas	16	enam belas
17	tujuh belas	18	delapan belas	19	sembilan belas
20	dua puluh				

数字の11〜19は、belasという語を1〜9の後につけます。ただし、1だけはseがbelasに直接ついてsebelasに変化します。このbelas、英語なら13［thirteen］〜19［nineteen］に用いるteenに似ています。

　20は前述puluhの前に2を意味するduaを置いてdua puluhです。

■ 30〜99

30　tiga puluh　　〜 90　sembilan puluh
21　dua puluh satu　　　　　55　lima puluh lima

　「何十」と言うときは、20と同じようにpuluhの前に数字3〜9を置きます。また、21のような組み合わせのときは、dua puluhとsatuを合わせれば完成です。

■ 100〜999

100　seratus　　　　　　　　407　empat ratus tujuh
615　enam ratus lima belas

　数字の100はseratusと言い、「何百」を意味するratusに接頭辞seがついたものです。日本語で「いちひゃく」と言わず「ひゃく」と言い切るのと似ています。3桁の組み合わせ方も2桁と同じです。

■ 1000〜

1.000　seribu　　　　　　2.310　dua ribu tiga ratus sepuluh

　数字の1.000はseribuと言い、「何千」を意味するribuに接頭辞seがついたものです。4桁の組み合わせ方もほかと同じです。なお、英語と同様3桁ごとに位取りしますが、インドネシア語では、コンマ（,）ではなくピリオド（.）が用いられます。コンマは小数点を示す記号として用いられます。

0,25 = nol koma dua lima

❷「第1に〜、第2に〜、第3に〜」

序数詞は、何かを順序立てて説明するときに便利な表現です。数字に接辞keをつけると序数詞になります。

また、1だけはpertama（プルタマ）という語もあり「第1に、最初に」といった意味でよく使われています。なお、序数詞の前に関係代名詞yang（ヤン）をつける用法もありますが意味は同じです。

第1に／の	kesatu、pertama クサトゥー　プルタマ	第2に／の	kedua クドゥア
第3に／の	ketiga クティガ	第4に／の	keempat クウンパッ(ト)
第5に／の	kelima クリマ	第6に／の	keenam クウナム
第7に／の	ketujuh クトゥジュ	第8に／の	kedelapan クドゥラパン
第9に／の	kesembilan クスンビラン	第10に／の	kesepuluh クスプル

また、序数詞が名詞の後にくると、前の語を修飾します。

pertanyaan pertama　1つめの質問
プルタニャアン　プルタマ

❸ シーン4で使われたフォーマル動詞

・tanya　質問、尋ねる ➡ bertanya　質問する
　タニャ　　　　　　　　　プルタニャ
Saya ingin tanya tentang 2 hal.
サヤ　イギン　タニャ　トゥンタン　ドゥア　ハル
私は2つの点についてお尋ねいたします。

　➡ Saya ingin bertanya tentang 2 hal.
　　 サヤ　イギン　プルタニャ　トゥンタン　ドゥア　ハル
　　 私は2つの点についてお尋ねいたします。

・jawab　答え、答える ➡ menjawab　返答する
　ジャワッ(ブ)　　　　　　 ムンジャワッ(ブ)
Saya akan jawab pertanyaan pertama.
サヤ　アカン　ジャワッ(ブ)　プルタニャアン　プルタマ
私は1つめの質問に答えます。

　➡ Saya akan menjawab pertanyaan pertama.
　　 サヤ　アカン　ムンジャワッ(ブ)　プルタニャアン　プルタマ
　　 私は1つめの質問に答えます。

第1章　ビジネス会話

接辞がつけばつくほど、書き言葉的でフォーマルなニュアンスが出てきます。

　tanyaとjawabの例が示すように、これらの語彙には動詞だけでなく名詞としての意味もあり、一見どちらなのか判然としません。しかし、接辞をつけることで明確に動詞化することができ、文法的な正確性を高められます。

　つまり、接辞をつけることで日常会話と区別し、フォーマル動詞として使うことができるようになります。

・tahu　知っている、わかる
　➡ mengetahui　〜を知っている、承知している、認識している、自覚している

Saya sendiri belum tahu.　私自身、まだ知らないんです。
➡ Saya sendiri belum mengetahui.
　私自身、まだ知らないんです。

　もともとtahuは語根動詞です。日常生活で漠然と知っていることを表す場合はtahuで十分ですが、接頭辞mengeと接尾辞iが語根tahuについたmengetahuiになると、フォーマル動詞になります。このタイプの動詞、Me-i動詞についてはシーン5（P.55-57）を参照してください。

ココに注意

　語根動詞tahu［タウ］とは別に、名詞のtahu［タフ］があります。名詞の方は中国伝来の加工食品である「豆腐」を意味しています。ですから「私は知っています」と言うときに、Saya tahu.［サヤ タウ］と言わず、Saya tahu.［サヤ タフ］と発音すると、「私はお豆腐です」と主張していることになってしまいます。発音には十分気をつけましょう。

文を作ろう！

次の文をインドネシア語に直してみましょう。

1 6つめの質問には私がお答えします。

ヒント
▶6のenamから「6つめ」を作ります。

2 最初にタクシーを呼びます。

ヒント
▶呼ぶ…panggil　▶タクシー…taksi

3 第2にモールへ行き、そして第3にそこでランチを食べます。

ヒント
▶モール…mal　▶ランチを取る…makan siang

4 もしそうならば、誰がジャカルタで勤務しますか。

ヒント
▶ジャカルタ…Jakarta

5 3.516

ヒント
▶P.47-48を参考に数字を書いてみましょう。

読んでみよう! ⑧

前ページでつくったインドネシア語を確認し、声に出して読んでみましょう。

1 Saya akan menjawab pertanyaan keenam.
サヤ　アカン　ムンジャワッ(ブ)　プルタニャアン　クウナム

解説 menjawabの最後の音b［ベー］は詰まった音です。やや突き放すように「ムンジャワッ」と読み、最後に軽く「ブ」とつけてみましょう。

---

2 Pertama saya panggil taksi.
プルタマ　サヤ　パンギル　タクシー

解説 pertamaのr［エル］とpanggilのl［エル］の発音の違いに気をつけましょう。

---

3 Kedua saya pergi ke mal dan ketiga saya makan siang.
クドゥア　サヤ　プルギ　ク　モール　ダン　クティガ　サヤ　マカン
シアン

解説 malは正確には「マル」ですが、最近では英語のように「モール」と発音しています。

---

4 Kalau begitu, siapa yang bertugas di Jakarta ?
カロウ　ブギトゥー　シアパ　ヤン　ブルトゥガス　ディ　ジャカルタ

解説 kalauは本来「カラウ」と発音すべきですが、二重母音au［アウ］が［オウ］とも発音されるので、どちらも使われています。ネイティブの会話スピードだと「カロウ」の方が一般的です。

---

5 Tiga ribu lima ratus enam belas.
ティガ　リブー　リマ　ラトゥス　ウナム　ブラス

解説 数字は、お金、時間、時刻、日付、年号、電話番号などで使われる重要な情報です。焦らず、一語ずつ区切って発音しましょう。

[シーン]5 自社工場を案内する ⑨

岡さんがクライアントに自社工場を案内しています。

岡 Bapak-Bapak dan Ibu-Ibu, kami mempunyai fasilitas terbaru di Indonesia.

クライアント Berarti pabrik Bapak lebih canggih daripada pabrik-pabrik lain?

岡 Ya, benar Pak. Kapasitas produksi pun sekarang paling besar di Indonesia. Ini adalah kebanggaan perusahaan kami.

クライアント Hebat ya, Pak.

岡: 皆様、私どもはインドネシアで最新の設備を所有しております。
クライアント: ということは、あなたの工場はほかの工場より最先端をいっているということですか。
岡: はい、その通りです。現在の生産能力もインドネシアでは最大です。これは弊社の誇りです。
クライアント: すごいですね。

53

主な語句

kami [カミ]	私たち、われわれ
mempunyai [ムンプニャイ]	所有する、保持する、保有する
fasilitas [ファシリタス]	設備
Indonesia [インドネシア]	インドネシア
berarti [ブルアルティ]	と言うことは、つまり
pabrik [パブリッ(ク)]	工場
lebih…daripada [ルビ ダリパダ]	〜より〜だ
canggih [チャンギ]	最先端の
lain [ライン]	ほかの
kapasitas [カパシタス]	能力
produksi [プロドゥクシ]	生産
pun〜 [プン]	〜さえも
sekarang [スカラン]	現在、今
kebanggaan [クバンガアン]	誇り、プライド、自慢
hebat [ヘバッ(ト)]	すごい

覚えておきたいフレーズ

Ya, benar ヤー ブナール	**訳** はい、その通りです **単語** benar…正しい
Ini adalah kebanggaan イニ アダラ クバンガアン perusahaan kami. プルサハアン カミ	**訳** これは弊社の誇りです。 **単語** perusahaan…企業、会社

*フォーマルな会話において何かを強調するときや、主部と述部が長文の場合、adalah（〜だ、〜である）を主語の後に置くことがある。

❶ 接辞me-iのつく動詞（Me-i動詞）

　接頭辞meと接尾辞iが特定の語根に前後からついて派生されたものがMe-i動詞です。語根を挟んで頭からつくmeを接頭辞、逆に後ろからつくiを接尾辞とも呼びます。対象の語根はMe動詞と同じく、語根動詞、Ber動詞、Me動詞のような動詞、名詞、形容詞などです。Me-i動詞の大部分は他動詞なので文構造は、主語＋動詞＋目的語となります。接頭辞meが語根の最初の音により、6通りに変化し、同時に最初の音が一部消えるのは、Me動詞と同様です。

　接辞のつき方が複雑なMe-i動詞は、基本的に書き言葉であり、Ber動詞、Me動詞以上にフォーマルな場面に相応しい単語です。その性質上、大きく3種類に分けられます。

■（前置詞を含む）「〜する」やフォーマルな他動詞に変化

　語根動詞、Ber動詞など自動詞の語根、一部Me動詞など他動詞の語根につくと、前置詞を含む「〜する」という意味の他動詞、または語根と意味的にそれ程変わらないがよりフォーマルな他動詞になります。

[語根動詞]

・duduk　座る
　⇒ menduduki　〜に座る、着席する、〜を占領する
　Paman duduk di kursi.　叔父は椅子に座ります。
　Paman menduduki kursi baru.　叔父は新しい椅子に座ります。
　　　　　　　　　　＊paman　叔父　　kursi　椅子　　baru　新しい

　Jepang pernah menduduki Indonesia.
　日本はかつてインドネシアを占領した。

　　　　　　　　　　　　＊Jepang　日本　　pernah　かつて〜した

Ber動詞

- <u>ber</u>kunjung　訪れる　➡　<u>meng</u>unjung<u>i</u>　〜を訪れる、訪問する
  Kami akan <u>ber</u>kunjung ke rumah nenek.
  われわれは祖母の家を<u>訪れます</u>。　　　　*rumah nenek　祖母の家

  Kami akan <u>meng</u>unjung<u>i</u> rumah nenek.
  私たちは祖母の家<u>を訪れます、訪問します</u>。

Me動詞

- <u>menulis</u>　書く　➡　<u>menulisi</u>　〜に書く
  Saya <u>menulis</u> surat kepada atasan.
  私は手紙を上司に<u>書きます</u>。

  Saya <u>menulisi</u> atasan surat.　私は手紙を<u>上司に書きます</u>。

  ＊surat　手紙、文書　　kepada　〜に（人間／組織に対して用いる前置詞）
  　atasan　上司

■ 関連する意味の他動詞に変化

名詞、形容詞などにつくと、語根本来の意味に関連する他動詞になります。

名詞

- nasihat　アドバイス、忠告
  ➡　<u>me</u>nasihat<u>i</u>　アドバイスする、忠告する
  Guru-guru <u>me</u>nasihat<u>i</u> murid.
  先生達は生徒に<u>アドバイスした</u>。

  ＊guru-guru　先生達、教師達　　murid　生徒

形容詞

- sakit　痛い、病気の
  ➡　<u>menyakiti</u>　〜を苦しめる、悩ます、痛めつける
  Pacar Anda <u>menyakiti</u> teman saya.
  あなたの恋人は私の友人を<u>悩ませている</u>。　＊pacar　恋人　teman　友人

■ 意味の異なる他動詞に変化

　Me動詞など他動詞の語根について、さらに意味が異なる他動詞になります。

動詞

・membuka　開ける、脱ぐ
　➡ membukai　何回も開ける、脱ぐ
Santi membukai kamus.
サンティは何回も辞書を開きます。　　　　　　　　　　＊kamus　辞書

同様の表現は副詞を用いればmembukaやbukaでも可能です。

Santi membuka (buka) kamus berkali-kali.
サンティは何回も辞書を開きます。　　　　　　　　　＊berkali-kali　何度も

　ただし、接辞のつくほかの動詞と同じく、Me-iは全ての語根について他動詞を派生させるわけではありません。また、他動詞の語根につくと必ず「何度も（繰り返し）～する」という意味になるわけでもありません。例えば、melihat（見る）はmelihatiにできますが、意味は「注目する、凝視する」になります。一方、mengundang（招待する）という単語は、mengundangiとはならず、「何度も招待する」と言いたい場合は、mengundang (undang) berkali-kaliというように副詞を用います。

❷ 最上級と比較構文

■ 最上級の表現

　形容詞の前に接辞terがついたり、「一番～な」という意味の副詞palingが置かれると、語根である形容詞が強化され、最上級になります。ダイアログではbaru（新しい）がterbaru（最新の）に、besar（大きい）がpaling besar（最大の）になっています。これはpaling baru、terbesarと言っても同じです。

しかし、全ての形容詞が同じように最上級になるわけではありません。例えば、シーン3（P.36）のPaling lambat kapan, Pak？というフレーズは、「遅い」を意味するlambatにpalingがついて「一番遅い」となり、「遅くともいつまでですか」いう意味で紹介されています。このlambatは、terlambatとすることもありますが、「最も遅い」ではなく別の意味になります。terはやや限定的な意味になるので、日常会話ではpalingを使うと便利です。

| ter / paling ＋形容詞 |

- kecil 小さい ➡ terkecil 最小の／paling kecil 一番小さな
- cepat 速い ➡ tercepat 最速の／paling cepat 一番速い
- tinggi 高い ➡ tertinggi 最高の／paling tinggi 一番高い
- pendek 短い ➡ terpendek 最短の／paling pendek 一番短い

■ 比較の表現

さらに比較構文A lebih … daripada Bを用いることで、比較しようと試みているAとBのうち、どちらが優れているのかを明らかにする文が作れます。

| A ＋ lebih ＋形容詞／副詞＋ daripada ＋ B |

- Pabrik Bapak lebih canggih daripada pabrik-pabrik lain.
 あなたの工場はほかの工場より最先端をいく。
- Saya lebih tinggi daripada Anda.　私はあなたより背が高い。
- Dia lebih cepat memasak sukiyaki daripada istri saya.
 彼女は私の妻より速くすき焼きをつくります。

　　　　　　　　　　　　　　＊memasak　料理する　　istri　妻

次に、比較構文A kurang … dibanding Bを用いることで、比較しようと試みているAとBのうち、どちらが劣っているのかを明らかにする文が作れます。

A + kurang ＋形容詞／副詞 + dibanding + B

- Pabrik Bapak <u>kurang</u> canggih <u>dibanding</u> pabrik-pabrik lain.
  あなたの工場はほかの工場より最先端をいっていない。
- Saya <u>kurang</u> tinggi <u>dibanding</u> Anda.
  私はあなたより背が高くない。
- Dia <u>kurang</u> cepat memasak sukiyaki <u>dibanding</u> istri saya.
  彼女は私の妻より速くすき焼きをつくりません。

ココに注意

通常の文において動詞、形容詞の否定は、tidakですが、劣勢比較においては、元来、形容詞であるkurang（足りない、不足の）を用います。

❸ シーン5で使われたフォーマル動詞

ここではMe-i動詞のフォーマル動詞が使われています。

- punya ～を持つ、～の
  ➡ <u>mempunyai</u> ～を所有する、所持する、有する
  Kami <u>punya</u> fasilitas terbaru di Indonesia.
  私どもはインドネシアで最新の設備を持っています。

  ➡ Kami <u>mempunyai</u> fasilitas terbaru di Indonesia.
  　私どもはインドネシアで最新の設備を所有しております。

文を作ろう！

次の文をインドネシア語に直してみましょう。

1 その企業は最も大型の倉庫を保有しています。

ヒント
- 倉庫…gudang（グダン）
- 大きい…besar（ブサール）

---

2 彼女は私の犬を何回も叩いた。

ヒント
- 叩く、殴る…pukul（プクール）（接辞をつけて「何回も叩く」という意味の他動詞に換えます）
- 犬…anjing（アンジン）

---

3 私の部署は会社で最も効率的です。

ヒント
- 部署、〜課、〜部…bagian（バギアン）
- 効率的な…efisien（エフィシエン）

---

4 私どもの事業は彼らの事業より素晴らしいです。

ヒント
- 事業…usaha（ウサハ）
- 素晴らしい…bagus（バグース）
- 彼ら…mereka（ムレカ）

---

5 これが新製品です。

ヒント
- 新製品…produk baru（プロドゥッ(ク) バルー）
- 「〜である」という語を主部と述部の間に入れるフォーマル表現を使いましょう。

読んでみよう！ ⑩

前ページでつくったインドネシア語を確認し、声に出して読んでみましょう。

1 Perusahaan itu mempunyai gudang terbesar.
ブルウサハアン　イトゥー　ムンプニャイ　グダン　トゥルブサール

解説 曖昧音のe［ウ］が、perusahaan、mempunyai、terbesarに含まれています。「ペルウサハアン」、「メンプニャイ」、「テルブサール」と発音しないようにしましょう。

---

2 Dia memukuli anjing saya.
ディア　ムムクリ　アンジン　サヤ

解説 memukuliには子音l［エル］があります。舌先を歯ぐきに押し当てて「〜リ」と発音しましょう。

---

3 Bagian saya paling efisien (terefisien) di kantor.
バギアン　サヤ　パリン　エフィシエン　トゥルエフィシエン　ディ　カントール

解説 efisien、terefisienの語中にあるf［エフ］は、上歯で下唇を軽く噛み「ファ」と発音します。この場合は母音i［イ］が続いているので「フィ」になります。

---

4 Usaha kami lebih bagus daripada usaha mereka.
ウサハ　カミ　ルビ　バグース　ダリパダ　ウサハ　ムレカ

解説 usahaのuは母音です。やや唇を丸めて「ウー」と発音しましょう。

---

5 Ini adalah produk baru.
イニ　アダラ　プロドゥッ（ク）　バルー

解説 adalahは語根動詞のada［アダ］（ある、いる）と似ているため、誤って使われることがよくあります。混同しないよう気をつけましょう。

[シーン] 6 電話でレストランを予約する ⑪

クライアントを接待するため、予約の電話をしています。

店長 "Restoran Alam Indah," selamat siang.
レストラン アラーム インダ スラマッ(ト) シアン

岡 Halo, bisa bicara dengan manajer restoran ?
ハロー ビサ ビチャラ ドゥガン メネージュル レストラン

店長 Ya, saya sendiri. Maaf, saya berbicara dengan
ヤー サヤ スンディリ マアフ サヤ ブルビチャラ ドゥガン
siapa ?
シアパ

岡 Saya Oka dari PT. Kobayashi Manufakturing.
サヤ オカ ダリ ペーテー コバヤシ マヌファクトゥリング
Saya mau memesan tempat untuk malam
サヤ マウ ムムサン トゥンパッ(ト) ウントゥッ(ク) マラーム
minggu. Kami akan mengundang klien kami.
ミングー カミ アカン ムグンダン クライエン カミ

店長 Baik, Pak OKa.
バイク パッ(ク) オカ
Acara makannya mulai jam berapa ?
アチャラ マカンニャ ムライ ジャム ブラパ

岡 Kira-kira jam 7 malam, Bu.
キラ キラ ジャム トゥジュ マラーム ブー

店長： こんにちは。「レストラン・アラム・インダ」です。
岡： もしもし、店長さんはいらっしゃいますか。
店長： はい、私です。失礼ですが、どちら様ですか。
岡： 小林マニュファクチュアリング社の岡と申します。土曜の夜に予約したいのですが。お客様を招待するつもりなんです。
店長： 岡様、かしこまりました。お食事は何時から始められますか。
岡： 7時頃です。

主な語句

Restoran Alam Indah [レストラン アラーム インダ]	レストラン・アラーム・インダ（店名。「Alam Indah」は「美しい自然」）
manajer restoran [メネージュル レストラン]	レストランマネージャー、店長
saya sendiri [サヤ スンディリ]	私自身です、本人です
dari [ダリ]	～から、～の
bicara [ビチャラ]	しゃべる、話す（berbicara [ブルビチャラ] も同様）
PT. [ペーテー]	株式会社、～社（Perseroan Terbatas [プルセロアン トゥルバタス] の略称）
mau～ [マウ]	～したい、～するつもりだ
memesan [ムムサン]	予約する、注文する
tempat [トゥンパッ(ト)]	席、場所
untuk [ウントゥッ(ク)]	～ための
malam minggu [マラーム ミングー]	土曜の夜、週末
mengundang [ムグンダン]	招待する
klien [クライエン]	クライアント
acara makannya [アチャラ マカンニャ]	お食事（acara…イベント、催し、番組　makannya…食べること）
mulai [ムライ／ムレイ]	始める、～から、～以降

覚えておきたいフレーズ

Halo, bisa bicara dengan ○○. ハロー　ビサ　ビチャラ　ドゥガン	**訳** もしもし、○○さんはいらっしゃいますか。（電話で） **単語** halo…もしもし bisa bicara dengan…○○と話せますか
Maaf, saya berbicara dengan siapa ? マアフ　サヤ　ブルビチャラ　ドゥガン　シアパ	**訳** 失礼ですが、どちら様ですか。 **単語** Maaf…すみません siapa…誰

❶ 助動詞 bisa（〜できる）と電話会話の丁寧表現

　電話の会話と普通の会話は基本的には同じですが、一部特有の表現があります。haloは、「やあ」「こんにちは」など若い人が親しい仲間内で用いるとともに、一般的に電話での「もしもし」として使われています。

　また、電話で「〜さんはいらっしゃいますか」と丁寧に聞く場合は、助動詞 bisa（〜ができる）を文頭に置いて表現します。

　bisaは主語（A）+ bisa + 動詞（B）の形で「AはBができる」という構文です（P.192参照）。これを使って、丁寧な表現にしてみましょう。

(Saya) bisa bicara dengan manajer restoran?
（私は）店長と話せますか？＝店長はいらっしゃいますか？

　実は、もっと簡単に表現することもできます。例えば、「ある、いる」を意味する語根動詞adaを用いて、「〜さんはいますか」という表現もありますが、bisaを使う表現の方がより丁寧であることは言うまでもありません。

Halo, ada manajer restoran?
もしもし、店長はいますか。

❷ 時刻と時間1

　数字を用いた「時刻の表現」を見てみましょう。インドネシア語では、jamという単語が重要です。このjamの後に数字を置くと「〜時」、数字に関する疑問詞berapaを置くと「何時？」という表現になります。時刻に関してはさまざまな言い方があります。なお、次ページの（　）のような表記もよく使われます。

■「～時」、「～時～分」

　最もシンプルなのが、jamの後に数字のみを並べる言い方です。この言い方の場合、日本語の「分」に当たる単語は使われません。

jam＋数字／jam＋数字＋数字

　Jam satu. (Jam 1.00)　1時
　Jam tujuh sepuluh. (Jam 7.10)　7時10分

■「～時～分過ぎ」、「～時～分前」

　語根動詞lewat（過ぎる）、形容詞kurang（足りない）を用いた言い方です。日常会話では、最後の「～分」にあたるmenitが取れることもあります。

jam＋数字＋lewat＋数字＋menit

　Jam tujuh lewat sepuluh menit.　7時10分過ぎ

jam＋数字＋kurang＋数字＋menit

　Jam sembilan kurang dua menit. (Jam 8.58)　9時2分前

■「午前～時、午後～時」、「～時頃」

　あいさつ表現で学んだpagi、siang、sore、malamを時刻の最後につけると、「朝の」「昼の」「夕方の」「夜の」という意味になります。

・Jam tujuh sepuluh pagi.　午前7時10分
・Jam satu siang.　午後1時
・Jam sembilan kurang dua menit malam.　午後9時2分前

　また「～時頃」という表現は、副詞kira-kira（約、おおよその）をjamの前に置けば完成です。

・Kira-kira jam tujuh sepuluh.　7時10分頃

ココに注意

　ここまで紹介したように、時刻についてはさまざまな言い方があります。しかし、あまり経験のない方には、最もシンプルな表現、「jam＋数字」の言い方をお薦めします。「9時2分前」なら「8時58分」としてJam delapan lima puluh delapan.などのようにまずは数字を確実に言うことが重要です。何と言っても時刻は仕事をする上で、間違えたり勘違いされたら困りますから正しく言えるようにしましょう。

❸ 時刻と時間2

　次は時間です。時刻とは違い、jam（ジャム）の前に数字を置くと「～時間」、同じく数字に関する疑問詞berapa（ブラパ）を置くと「何時間～しているのか」という数量を聞く表現になります。また「約、おおよそ」といった表現は、時刻でも出てきたkira-kira（キラキラ）を数字の前に置きます。

■「～時間」

数字＋ jam

　satu jam（1 jam）　＝　sejam　1時間
　サトゥー　ジャム　　　　　　スジャム
　empat jam（4 jam）　4時間
　ウンパッ(ト)　ジャム　　　　ジャム

　satu（サトゥー）だけは接辞seに変化可能であることはP.47で学びましたね。ここでもseに変化させてからjam（ジャム）をつけます。

■「～時間～分」

数字＋ jam ＋数字＋ menit

　Lima jam enam belas menit.　5時間16分
　リマ　ジャム　ウナム　ブラス　ムニッ(ト)

　時刻でも出てきたmenit（ムニッ(ト)）は「～分間」という数量を表現する場合にも使います。

最後に時刻と時間を用いた疑問文と、その返答の例文を見てみましょう。

・Mas tidur jam berapa？　あなたは何時に寝ましたか。
　Saya tidur jam sebelas malam.（jam 11.00 malam）
　私は夜11時に寝ました。

＊mas　20代独身男性に対する「あなた」　　tidur　寝る

・Mas tidur berapa jam？　あなたは何時間寝ましたか。
　Saya tidur kira-kira enam jam.（6 jam）
　私は約6時間寝ました。

　数字とjamの位置が時刻と時間では異なることがわかりましたか。取り違えると奇妙な返答になってしまいますので、気をつけましょう。なお、疑問詞の用法についてはシーン7（P.75-77）で解説します。

❹ シーン6で使われたフォーマル動詞

・memesan　予約する、注文する、伝言する
　➡ memesankan　〜のために予約する、注文する、伝言する、
　　　　　　　　　〜してあげる

Saya mau memesan tempat untuk malam minggu.
土曜の夜を予約したいのですが。　　　　＊pesan　予約、注文、伝言
➡ Saya mau memesankan tempat untuk malam minggu.
土曜の夜を予約してあげたいのですが。

・<u>undang</u> 招く、法、法律

＊undangが重なるundang-undangは「法律」の意

➡ **mengundang** 招く、招待する、招致する

Mereka <u>undang</u> kita makan malam di restoran.
彼らは私たちをレストランのディナーに招いた。

＊makan malam 夕飯、晩ご飯　　restoran レストラン

➡ Mereka <u>mengundang</u> kita makan malam di restoran.
彼らは私たちをレストランのディナーに招いた。

　pesanは名詞、undangは動詞と名詞が混在しているというように、それぞれの語根そのものが少し異なります。その結果、一方には接辞memがついたMe動詞（memesan）へ、さらにMe-kan動詞（memesankan）へと派生し、もう一方は接辞mengがついたMe動詞（mengundang）になっています。

　そうなると、よりフォーマルなmengundangkanはないのかと疑問が沸くでしょう。実はありますが、意味が違ってくるのです。undangはMe-kan動詞になると、語根のときの名詞の意味から派生される別の他動詞になってしまいます。

	pesan	undang
名詞（語根）	pesan　注文、予約	undang　招く、法
他動詞（派生語）	memesan　注文する、予約する	mengundang　招く
他動詞（派生語）	memesankan　〜のために予約する、注文する、〜してあげる	mengundangkan　〜の法律を制定する、布告する

　インドネシア語は、フォーマル動詞を生み出す接辞と語根の関係が、明瞭に説明できるほど文法的な一貫性や整合性がありません。ですから、大まかに文法を把握すると共に、1つ1つ例文を覚えて使いこなせるようになることが重要です。なお、Me-kan動詞については、シーン7（P.73-75）を参照してください。

文を作ろう！

次の文をインドネシア語に直してみましょう。

1 もしもし、ストモさんいらっしゃいますか。

ヒント
▶ストモさん…Bapak Sutomo
　　　　　　　バパッ(ク)　ストモ

---

2 はい、私です。失礼ですが、どちら様ですか。

---

3 彼女は何時にテレビを観ますか。

ヒント
▶テレビ…TV　▶（映画、テレビを）観る…menonton
　　　　　ティーフィー　　　　　　　　　　　　　　ムノントン

---

4 彼女は夕方の5時30分にテレビを観ます。

---

5 今日私は10時間眠りたい。

ヒント
▶今日…hari ini　▶～したい…ingin
　　　　ハリ　イニ　　　　　　　　イギン

読んでみよう！ ⑫

前ページでつくったインドネシア語を確認し、声に出して読んでみましょう。

1 Halo, bisa bicara dengan Bapak Sutomo ?
ハロー　ビサ　ビチャラ　ドゥガン　バパッ(ク)　ストモ

解説 イエス・ノーを問う疑問文です。文末上がり調子で読みましょう。

---

2 Ya, saya sendiri. Maaf, saya berbicara dengan siapa ?
ヤー　サヤ　スンディリ　マアフ　サヤ　ブルビチャラ　ドゥガン　シアパ

解説 denganの真ん中にあるngaはngの後に母音aがつく鼻音の［ガ］です。舌先をどこにもつけず鼻から「ガ」と発音します。

---

3 Dia menonton TV jam berapa ?
ディア　ムノントン　ティーフィー　ジャム　ブラパ

解説 TVは外来語（オランダ語）のtelevisi［テレフィシ］の略称です。本当なら「テーフェー」と発音すべきなのですが、最近ではグローバル化により本来の発音と共に英語風の発音もかなり使われるようになっています。

---

4 Saya menonton TV jam lima tiga puluh.
サヤ　ムノントン　ティーフィー　ジャム　リマ　ティガ　プル

解説 tiga puluhの最後の音h［ハー］は発音しません。「ティガプルハー」とならないよう注意しましょう。

---

5 Hari ini saya ingin tidur sepuluh jam.
ハリ　イニ　サヤ　イギン　ティドゥール　スプル　ジャム

解説 hari、tidurのr［エル］とsepuluhのl［エル］、発音の違いに気をつけましょう。

[シーン] 7 航空会社の職員に確認する ⑬

予約していたフライトが欠航。岡さんが航空会社の職員に確認をしています。

岡 Mengapa "Percaya Air" tiba-tiba membatalkan penerbangan kami ?
ムガパ　プルチャヤ　エアー　ティバ　ティバ　ムンバタールカン　プヌルバガン　カミ

職員 Maaf, Pak. Ini terjadi akibat kerusakan mesin.
マアフ　パッ(ク)　イニ　トゥルジャディ　アキバッ(ト)　クルサカン　ムシン

Kami sedang menyiapkan penerbangan pengganti.
カミ　スダン　ムニアッ(プ)カン　プヌルバガン　プンガンティ

岡 Artinya pasti ada penerbangan ?
アルティニャ　パスティ　アダ　プヌルバガン

職員 Belum tentu, Pak.
ブルーム　トゥントゥー　パッ(ク)

Kami tidak bisa menjanjikan apa-apa.
カミ　ティダッ(ク)　ビサ　ムンジャンジカン　アパ　アパ

岡 Jadi bagaimana mestinya ?
ジャディ　バガイマナ　ムスティニャ

職員 Mohon menunggu informasi berikutnya.
モホン　ムヌングー　インフォルマシ　ブリクッ(ト)ニャ

岡： どうして突然「プルチャヤエアー」は、私たちの便を欠航したんですか。

職員： 申し訳ございません。エンジン故障が原因です。現在、代替便を準備しております。

岡： ということは、代替便は絶対にあるというわけですね。

職員： まだ、絶対にというわけではございません。何もお約束できないんです。

岡： じゃあ、どうすればいいんですか。

職員： どうか次のご案内をお待ちください。

主な語句

mengapa [ムガパ]	どうして、なぜ
tiba-tiba [ティバ ティバ]	突然、急に
penerbangan [プヌルバガン]	便、フライト、航空
terjadi [トゥルジャディ]	起こる、生じる
akibat [アキバッ(ト)]	〜の結果
kerusakan mesin [クルサカン ムシン]	エンジン故障（kerusakan…故障　mesin…エンジン、機械）
sedang [スダン]	〜している
artinya [アルティニャ]	と言うことは
pasti [パスティ]	絶対に、必ずや、きっと
ada [アダ]	ある、いる
tidak bisa [ティダッ(ク) ビザ]	〜できない
apa-apa [アパ アパ]	何も
mohon [モホン]	〜請う、願う、懇願する（mohonは非常に腰の低い丁寧な依頼表現。P.119参照）

覚えておきたいフレーズ

Belum tentu... ブルーム　トゥントゥー	**訳** まだ絶対ではない、必ずしも確実というわけではない **単語** belum…まだ〜でない tentu…確かに、確実な
Jadi bagaimana mestinya ? ジャディ　バガイマナ/バゲイマナ　ムスティニャ	**訳** じゃあ、どうすればいいんですか。 **単語** jadi…それで、だから bagaimana…どのような、どのように mestinya…当然の帰結として、本来なら〜せねばならない

❶ 接辞me-kanのつく動詞（Me-kan動詞）

接頭辞meと接尾辞kanが特定の語根について派生された他動詞がMe-kan動詞です。シーン5（P.55-57）のMe-i動詞と同じく、語根動詞、Ber動詞、Me動詞、名詞、形容詞、数詞などの語根につきます。文構造は、主語＋動詞＋目的語です。接頭辞meが語根につく際、変化したり一部の音が消えたりする仕組みはMe動詞（P.38-40）、Me-i動詞で解説した通りです。

その性質からMe-kan動詞は、大きく3つに分けられます。

■「～させる」（使役）という意味の他動詞に変化

語根動詞、Ber動詞など自動詞の語根について、「～させる」（使役）という意味の他動詞になります。

[語根動詞]

- naik 乗る、上がる ➡ menaikkan ～を上げる、上昇させる
Pemerintah ingin menaikkan harga bensin.
政府はガソリン価格を値上げしたい。

＊pemerintah 政府　ingin ～したい　harga 価格、値段　bensin ガソリン

[Ber動詞]

- kumpul 集まる、集合する
 ➡ berkumpul 集まる、集合する
 ➡ mengumpulkan ～を集める、集合させる
Kepala pabrik mengumpulkan karyawan di kantin.
工場長は職員を食堂に集合させる。

＊Kepala pabrik 工場長　karyawan 社員、職員　kantin 食堂

■ 語根本来の意味に関連する他動詞に変化

名詞、形容詞などについて、語根本来の意味に関連する他動詞になります。

名詞

- sekolah　学校
  ➡ menyekolahkan　学校に入れる、就学させる
  Tante saya menyekolahkan anaknya ke Osaka.
  叔母は子供を大阪の学校へ行かせます。

  ＊tante　叔母　　anak　子供　　nya　彼女（P.85参照）

形容詞

- bersih　清潔な ➡ membersihkan　～を掃除する、清掃する
  Warga akan membersihkan jalan.
  住民は道路を清掃するでしょう。

  ＊warga　住民　　akan　～だろう　　jalan　道路

■ 二重目的語を取る他動詞に変化

　Me動詞のうち、特に他動詞の語根について、一部例外を除き「誰かのために～する、～してやる」という意味の二重目的語を取る他動詞になります。

Me動詞

- baca　読む ➡ membaca　読む
  ➡ membacakan　～に読んでやる、～を朗読する
  Saya membacakan adik buku.
  私は妹に本を読んであげます。　　＊adik　弟、妹　　buku　本

　実はこの「～のために～してやる」という言い回し、Me-kan動詞以外の他の動詞を用いても言うことができます。例えばbaca/membacaを使う文に前置詞untuk（～のため）を挿入すれば可能ですが、語順が変わります。まず「私は本を読む」という主語＋動詞＋目的語の文をつくり、その後untuk＋目的語を置きます。なぜuntukを用いる文を知っておくと便利かというと、全てのMe動詞が語根に接辞me-kanをつけると「～のために～してやる」とい

う表現になるとは限らないからです。

Saya baca/membaca buku <u>untuk</u> adik.
私は妹<u>のために</u>本を読んでやります。

また、接辞がつくほかの動詞と同じく、接辞me-kanも全ての語根についてこの3パターンに沿って他動詞になるわけではありません。Me-kan動詞になる語根、ならない語根があります。マスターするためには単語力強化が不可欠です。ただし、明らかなことは接辞がつくことでフォーマル性が高まっていることです。

さて、ここで1つ疑問があります。先ほど接辞me-kanが自動詞の語根につくと使役の他動詞になると言いました。それでは他動詞を含む文では「～させる」という意味の文はつくれないのでしょうか。実は「～を作る」という意味のMe動詞membuatには「～仕向ける／させる」という意味もあり、この語を用いれば同じような文をつくることができます。

Saya <u>membuat</u> adik menyenangi bahasa Inggris.
私は妹が英語を好きになるよう仕向ける（＝を英語好きにさせる）

＊menyenangi　～を好む、楽しむ

❷ 疑問詞

ダイアログでは、mengapa（どうして）とbagaimana（どうすれば）という2種類の疑問詞が使われていますが、ほかにもいろいろな疑問詞があります。語順も必ず文頭というわけではなく、疑問詞によっては文末に来ることもあります。kapan（いつ）やmengapa／kenapa（なぜ）は文頭に、それ以外は文頭であったり文末であったり、自由に動きます。

- apa 何
  Mereka makan <u>apa</u>? 彼女たちは何を食べますか。
- mana どこ、どれ
  Investor itu orang <u>mana</u>? あの投資家はどこの人ですか。
- di mana どこで
  Penumpang pesawat akan duduk <u>di mana</u>?
  飛行機の乗客はどこに座るのですか。

- ke mana どこへ
  Dia bersepeda <u>ke mana</u>?
  彼はどこへ自転車に乗って行きますか。

- dari mana どこから
  Ibu Indrawati berasal <u>dari mana</u>?
  インドラワティさんはどこの出身ですか。

- yang mana どちら
  Saya boleh pilih <u>yang mana</u>? 私はどちらを選んでよいの?

  ＊関係代名詞yangについてはP.115-116、P.148-149、yang mana lebihの構文についてはP.165を参照

- siapa 誰、(名前は)何
  Tamu itu <u>siapa</u>? そのお客さんはどなたですか。
  <u>Siapa</u> nama Saudara? あなたのお名前は?
  (＝Siapa namanya?)　　　＊nyaはシーン8（P.84-87）を参照

ココに注意

英語で相手の名前を尋ねる場合、what（何）を用いますよね。whatはインドネシア語のapaに当たりますが、英語のようにApa nama Saudara? Apa namanya? にはなりません。apaは物を尋ねる際の単語であり、人間にはつけることができないのです。そこで英語のwhoに当たるsiapaを使うわけです。間違えると大変失礼なので気をつけましょう。

- kapan　いつ
  Kapan Mbak Tati mengunjungi rumah orang tuanya？
  いつタティさんは両親の家を訪れるのですか。
- bagaimana　どのように
  Bagaimana situasi keamanan di Bandung？
  バンドンの治安状況はどうですか。
- berapa　いくつ、いくら
  Harga produk ini berapa？　この製品の価格はいくらですか。
- mengapa／kenapa　なぜ
  Mengapa/Kenapa Anda mengadakan acara ini？
  なぜあなたはこのイベントを実施するのですか。

  - Karena saya mempunyai dana.
    なぜなら私は資金を持っているからです。

　mengapa/kenapaに対する答えは、基本的にkarena（なぜならば〜）から始まります。ただし、ダイアログでは乗客の質問に対し、職員がまずお詫びの言葉を述べ理由を説明しているので、違う形になっています。

❸ シーン7で使われたフォーマル動詞

　ここでは、Me動詞、Me-kan動詞がフォーマルな動詞として使われています。

- batal　無効な、中止になった、キャンセルされている
  ➡ membatalkan　〜をキャンセルする、中止する、取り消す
  Penerbangan kami tiba-tiba batal.
  私たちの便は突然欠航です。

  ➡ "Percaya Air" tiba-tiba membatalkan penerbangan kami.
  「プルチャヤエアー」は突然私たちの便を止めた。

- siap 用意が出来ている、準備がすでに整った
Penerbangan pengganti sudah siap untuk tinggal landas.
代替便はもう離陸する準備ができています。

＊sudah すでに〜した　　tinggal landas 離陸

➡ menyiapkan 〜を準備する、〜を装備する、〜を形づくる
Kami sedang menyiapkan penerbangan pengganti.
私たちは代替便を準備中です。

batal、siapは本来形容詞なので、「〜を中止する」、「〜を準備する」という動詞の形にはなりません。しかし、接辞me-kanがつくことでフォーマルな他動詞になります。

- janji 約束
  ➡ berjanji 約束する、同意する
  ➡ menjanjikan 〜を約束する、請け合う
Kami tidak bisa berjanji apa-apa.
私たちは何も約束できません。

  ➡ Kami tidak bisa menjanjikan apa-apa.
私たちは何も約束できません。

- tunggu 待つ ➡ menunggu 待つ
Kita tunggu informasi berikutnya.
私たちは次の案内を待っています。

  ➡ Kita menunggu informasi berikutnya.
私たちは次の案内を待っています。

名詞janjiはBer動詞にも派生されますが、接辞me-kanがついてよりフォーマルな他動詞として使えます。

tunggu、menungguの意味は同じですが、Me動詞として接辞のついた後者の方がよりフォーマルです。

文を作ろう！

次の文をインドネシア語に直してみましょう。

1 どうして社長は突然会議を中止したんですか。

ヒント
▶社長…direktur utama　▶会議…rapat
　　　　ディレクトゥール　ウタマ　　　　　　　ラパッ(ト)

2 なぜなら彼は昨日とても忙しかったからです。

ヒント
▶非常に、とても…sangat　▶忙しい…sibuk　▶昨日…kemarin
　　　　　　　　サンガッ(ト)　　　　　シブッ(ク)　　　　　　クマリン

3 いつ君の叔母さんは子供を大阪の学校へ行かせるのですか。

ヒント
▶君、おまえ…kamu
　　　　　　　カムー
（親しい者同士、または目上の人が目下の人に対して使う）

4 あなたが会議を準備すると言うことは、問題が絶対にあるというわけですね。

ヒント
▶この場合の「あなた」は年配女性。　▶問題…masalah
　　　　　　　　　　　　　　　　　　　　　　マサラ

5 どうか次のフライトをお待ち願います。

ヒント
▶次のフライト…penerbangan berikutnya
　　　　　　　　プヌルバガン　　ブルイクッ(ト)ニャ

第1章　ビジネス会話

79

読んでみよう！ ⑭

前ページでつくったインドネシア語を確認し、声に出して読んでみましょう。

1 Mengapa direktur utama tiba-tiba membatalkan rapat？
ムガパ　ディレクトゥール　ウタマ　ティバ　ティバ　ムンバタールカン
ラパッ(ト)

解説 疑問文です。文末上がり調子で読みましょう。

---

2 Karena dia sangat sibuk kemarin.
カルナ　ディア　サンガッ(ト)　シブッ(ク)　クマリン

解説 sangatのt［テー］、sibukのk［カー］、どちらも詰まった音です。

---

3 Kapan tante kamu menyekolahkan anaknya ke Osaka？
カパン　タントゥ　カムー　ムニュコラカン　アナッ(ク)ニャ　ク
オーサカ

解説 疑問詞はありませんが、これは疑問文です。文末上がり調子で読みましょう。

---

4 Ibu menyiapkan rapat, artinya pasti ada masalah？
イブー　ムニアッ(プ)カン　ラパッ(ト)　アルティニャ　パスティ　アダ　マサラ

解説 masalah語末のh［ハー］は発音しません。

---

5 Mohon menunggu penerbangan berikutnya.
モホン　ムヌングー　プヌルバガン　ブルイクッ(ト)ニャ

解説 menunggu、penerbangan、berikutnyaのeは、どれも曖昧音の［ウ］です。「メヌングー」、「ペネルバガン」、「ベルイクッ(ト)ニャ」と発音しないよう気をつけましょう。

80

[シーン] 8 工場を案内してもらう ⑮

岡さんは、現地の有力工場を案内してもらいます。

岡: Luasnya kira-kira berapa hektar, Pak Sugeng ?

スゲン: Luas tanah kami 50 hektar dan sepertiganya adalah pabrik ini.

岡: Lantas, jumlah karyawan pabrik berapa orang ?

スゲン: Kurang lebih 1.000 orang dan separuhnya bekerja di bagian ini.

岡: Pabrik Bapak memproduksi komponen ini berapa buah sehari ?

スゲン: Kalau tidak salah, kami bisa memproduksi kira-kira 15.000 buah setiap hari.

岡： スゲンさん、広さは何ヘクタールですか。
スゲン： 敷地面積は50ヘクタールで、その3分の1が工場なのです。
岡： それで工員数は何人ですか。
スゲン： 約1,000人です。その半数がこの部門で働いています。
岡： この部品を1日に何個製造していますか。
スゲン： 確か、わが社は日量約15,000個を製造しています。

主な語句

berapa hektar [ブラパ ヘクタール]	何ヘクタールですか
Pak Sugeng [パッ(ク) スゲン]	スゲンさん（男性の名前）
Luas tanah [ルアス タナ]	敷地面積（tanah…土地）
50 hektar [リマプル ヘクタール]	50ヘクタール
adalah [アダラ]	〜だ、〜である（P.54参照）
lantas [ランタス]	じゃあ、それでは
jumlah [ジュムラ]	数、合計
karyawan pabrik [カルヤワン パブリッ(ク)]	工員（karyawan…社員、従業員、職員）
berapa orang [ブラパ オラン]	何人ですか
kurang lebih [クーラン ルビ]	約、およそ
1.000 orang [スリブー オラン]	1,000人
bagian ini [バギヤン イニ]	この部署（bagian…部署、〜部、〜課）
pabrik Bapak [パブリッ(ク) パパッ(ク)]	あなたの工場
komponen ini [コンポーネン イニ]	この部品（komponen…部品）
berapa [ブラパ]	いくつ
buah〜 [ブア]	〜個
setiap hari [スティアッ(プ) ハリ]	毎日（setiap…毎〜、各〜　hari…日）

覚えておきたいフレーズ

Kalau　　　tidak　salah カラウ／カロウ　ティダッ(ク)　サラ	**訳** もし間違っていなければ（おそらく、確か） **単語** salah…間違い
berapa buah sehari ブラパ　　ブア　　スハリ	**訳** 1日に何個○○しますか？ **単語** berapa buah…何個　　sehari…1日

82

❶ 助数詞や数字に関係する表現

ここでは、数字に関する表現を紹介します。ダイアログでは、orang「〜人」、buah「〜個」の2つの表現が出てきました。インドネシア語の修飾関係は、数量に関する表現を除き、日本語とは逆になりますが、助数詞は数量ですから日本語と同じ語順で言い表します。

1,000人の従業員　seribu orang karyawan
4冊の辞書　empat buah kamus
5台の自動車　lima buah mobil

ここで2つめ、3つめの例にあるbuahに注目してください。辞書が「〜冊」、自動車が「〜台」という言い方ですが、ダイアログでは部品を数える単位「〜個」としても使われていました。つまりbuahは、形状の違いや大小にかかわらず柔軟に使うことができるのです。以下に、日常生活でよく使う助数詞をいくつか挙げてみます。

助数詞

インドネシア語	特徴	例文
ekor	〜匹、頭、羽	seekor harimau　1頭の虎　＊satu→se
lembar	〜枚	dua lembar pasfoto　2枚の証明写真
pasang	〜組、〜対、〜足	empat pasang sepatu　4足の靴
butir	〜粒	enam butir telur　6個の玉子　＊玉子にも用いる
batang	〜本	tiga batang rokok　3本の煙草
botol	〜本	enam botol bir　6本のビール　＊瓶に用いる
cangkir	〜杯	secangkir kopi pahit　＊satu→se 1杯のブラックコーヒー ＊持ち手のあるティーカップやコーヒーカップなど
gelas	〜杯	lima gelas anggur　5杯のワイン ＊ガラスのコップのみ

またダイアログでは、sepertiganya（その1/3）、separuhnya（半数、半分）といった単語が使われています。sepertiganyaのsepertigaは分数を表す表現で、分子 + per + 分母（se + per + tiga）の形式で作ります。（接尾辞nyaの用法については❷を参照）

se + per + tiga	➡ sepertiga	1/3	*satu→se
se + per + dua	➡ seperdua = setengah	1/2	
se + per + empat	➡ seperempat	1/4	

なお、「1/2」を表すsetengah、「1/4」のseperempatは時刻や時間でも使われます。（詳細はP.137-138を参照）

また、「半分」を表すseparuhnyaのseparuhは大雑把に物の数量を言い表す単語です。

Separuh dari orang kaya tinggal di sini.
お金持ちの半分は、ここに住んでいます。

ワンポイント

外食する際に使えそうな助数詞をいくつか紹介しましたので、レストランに入り、店員に何か注文するというときに使えるminta［ミンタ］という表現も覚えましょう。mintaの後に名詞を置くと、相手に対し「〜をください」と頼む言い方になります。

Minta dua cangkir kopi panas.　ホットコーヒーを2杯ください。

❷ 接辞nyaの用法

インドネシア語を学び、少しずつ単語や文を理解し始めると、気になるのが文章や会話によく出てくるnyaという接辞です。このnyaは、無視してもさほど理解に影響しないのですが、実は特定の語根の後につき、さまざまな意味の派生語を作ります。その特徴を

理解しておきましょう。

1. 人称代名詞 dia の変形である nya

・Besok hari ulang tahun <u>Pak Yani</u>.
明日は<u>ヤニさん</u>の誕生日です。

➡ Besok hari ulang tahun <u>dia</u>. 明日は<u>彼</u>の誕生日です。
Besok hari ulang tahun<u>nya</u>. 明日は<u>彼</u>の誕生日です。

2. 特定の形容詞、動詞について名詞を派生させる nya

・luas 広い ➡ luas<u>nya</u> 広さ、範囲、面積
・pulang 帰る ➡ pulang<u>nya</u> 帰り、帰宅

3. 特定の名詞、形容詞などについて副詞を派生させる nya

・kata 言葉、単語 ➡ kata<u>nya</u> 〜らしい、〜ようだ
Kata<u>nya</u> Pak Oka pulang ke Jepang.
<u>どうやら</u>岡氏は日本へ帰る<u>ようだ</u>。

・biasa 普通の、通常の ➡ biasa<u>nya</u> 一般に、概して、通常は
Biasa<u>nya</u> kita minum kopi panas.
<u>たいてい</u>私たちはホットコーヒーを飲みます。

4. 「あなた」を意味する nya

・Siapa nama<u>nya</u>? <u>あなた</u>のお名前は？
= Siapa nama Saudara?

ただし、Siapa namanya? は Siapa nama dia?（彼／彼女の名前は何ですか）と尋ねているようにも聞こえます。なぜなら、最後のnyaが前述diaの変形と考えられるからです。この場合、会話内容や前後の文脈から判断します。(P.76参照)

5. 先行する会話内容を反映し「その」、「この」の意味を込めて使う nya

- Luas tanah kami 50 hektar dan sepertiganya adalah pabrik ini.
 ルアス タナ カミ リマプル ヘクタール ダン スプルティガニャ アダラ パブリッ(ク) イニ
 敷地面積は50ヘクタールで、その1/3が工場なのです。

6. 同じ名詞が重なるなど、やや複雑な文章のときに便宜的に使う nya

- Temannya teman saya itu orang Amerika.
 トゥマンニャ トゥマン サヤ イトゥー オラン アメリカ
 あの私の友人の友人は、アメリカ人です。

修飾関係を表す語順は、日本語と逆になりますから、上記の例文の場合、Teman teman saya itu（友人＋友人＋私＋あの）となり、これはTeman-teman saya itu（あの私の友人達は〜）と聞こえてしまいます。通常インドネシア語では名詞を重ねると複数形になるのです。

そこで最初のtemanの後に接辞nyaをつけてtemannyaとすることで、後続のteman saya ituのtemanと区別することができます。

7. 文節の句切れが不明瞭な部分を補う nya

インドネシア語には英語のbe動詞に当たる動詞がなく、そのうえ修飾関係が日本語と逆になっているので、文によっては、相手が何を言わんとしているのか不明瞭に感じます。そこを補うためにnyaが使われることがよくあります。

- Nilai bahasa Indonesia tinggi.
 ニレイ バハサ インドネシア ティンギー
 インドネシア語の成績は、高いです。
 Nilai bahasa Indonesia tinggi.
 ニレイ バハサ インドネシア ティンギー
 高いインドネシア語の成績。

- Nilai bahasa Indonesianya tinggi.
 ニレイ バハサ インドネシアニャ ティンギー
 インドネシア語の成績は、高いです。

前ページの3つの例文のうち最初の2つは、インドネシア語は同じですが、和訳すると明らかなように、2通りの解釈ができます。そこで、主部Nilai bahasa Indonesiaの後にnyaをつけることで、主部と述部tinggiの間にワンクッション置くことになり、意味が明確になります。

そうなると、このnyaは前述1や5のnyaではないかと疑問を抱かれる方もいるでしょう。その可能性はありますし、それらと重なっている可能性もあります。その場合は、前後の会話や文章によって、違いを見定めましょう。

ワンポイント

nyaの用法において、最も多いのは5、7の用法だと考えられます。つまりnyaがあろうとなかろうと、全体的な意味に大きな違いはなく、神経質になる必要はないのです。しかし、ポイントを理解した上でnyaを用いれば、インドネシア語が一層滑らかになることは間違いありません。まずはインドネシア人のnyaに注目してください。

❸ 数詞2

シーン4（P.47-48）に続いて10,000以上の数字を理解しておきましょう。

■ 10,000～

10.000　sepuluh ribu　　15.000　lima belas ribu
　　　　スプル　リブー　　　　　　　リマ　ブラス　リブー
31.456　tiga puluh satu ribu empat ratus lima puluh enam
　　　　ティガ　プル　サトゥー　リブー　ウンパッ(ト)　ラトゥス　リマ　プル　ウナム

数字の10,000は、sepuluh ribuと言い、1,000を表すribuの前に10を表すsepuluhを置いたものです。つまり、「万」以降の並べ方は、英語と同じです。

英語 10,000　ten thousand
インドネシア語 10.000　sepuluh ribu

以下の組み合わせも、この点を念頭におけば、英語と同様です。

■ 100,000 〜

100.000　seratus ribu
710.200　tujuh ratus sepuluh ribu dua ratus

　数字の100,000は、seratus ribuと言い、1,000を表すribuの前に100を表すseratusを置いたものです。

英語 100,000　one hundred thousand
インドネシア語 100.000　seratus ribu

■ 1,000,000 〜

1.000.000　sejuta/satu juta

　数字の1,000,000は、「何百万」を意味するjutaに接頭辞seがついたsejutaと言います。また、数字が大きくなると1のsatuをそのままつけてsatu jutaと言うこともあります。以下は、1千万、1億、10億の例です。

10.000.000	sepuluh juta	*英語ならten million
100.000.000	seratus juta	*英語ならone hundred million
1.000.000.000	satu milyar/semilyar	*英語ならone billion

❹ シーン8で使われたフォーマル動詞

- Produksi 製造、生産、製品、産出物、著作、作品
  Motor ini produksi pertama kami.
  このバイクは私どもの最初の製品です。

  ＊motor　バイク　　pertama　最初の、第1の

➡ memproduksi　〜を製造する、生産する
  Kami memproduksi motor pertama.
  私たちは最初のバイクを製造しています。

　名詞produksiだけでは「〜を製造する」にはなりませんが、接辞がつくことでフォーマルな他動詞として使えるようになります。実はほかにも「〜をつくる」という表現があります。日常会話的には、buatに接辞memがつくMe動詞membuatが該当します。語根のときは「〜する」と「〜をつくる」の両方の意味がありますが、membuatだと後者のフォーマル動詞です。ただしmembuatは「お菓子を作る」と言う意味でも使い、このシーンのように工場や生産現場でのフォーマル会話にはmemproduksiの方が適しています。使い分けできるようにしましょう。

- Saya membuat kue.　私はお菓子を作ります。　　＊kue　菓子
- Kami membuat motor pertama.
  私たちは最初のバイクを作っています。

  ⬇

  Kami memproduksi motor pertama.
  私たちは最初のバイクを製造しています。

　なお、membuatは、誰かに「〜を仕向ける／させる」という使役に似た言い方でも使われています。（P.75参照）

文を作ろう！

次の文をインドネシア語に直してみましょう。

1 広さは約10ヘクタールで、その半分は遊園地です。

ヒント
- ▶10…sepuluh（スプル）　▶遊園地…taman rekreasi（タマン レクレアシ）

2 事務所のドライバーは何人ですか。

ヒント
- ▶ドライバー、運転手…sopir（ソピール）　▶事務所の…di kantor（ディ カントール）

3 約50人で、その1/4がこの部門で働いています。

4 作業員は1日に3脚の椅子を製造します。

ヒント
- ▶作業員…pekerja（プクルジャ）
- ▶「〜脚」はさまざまな物に柔軟に使える助数詞を使いましょう。
- ▶椅子…kursi（クルシ）

5 もし間違っていなければ、あなたは漢字が書けるはずです。

ヒント
- ▶〜を書く…menulis（ムヌリス）

読んでみよう！ ⑯

前ページでつくったインドネシア語を確認し、声に出して読んでみましょう。

1 Luasnya kira-kira 10 hektar dan separuhnya adalah taman rekreasi.
ルアスニャ　キラ　キラ　スプル　ヘクタール　ダン　スパルニャ　アダラ　タマン　レクレアシ

解説 luasの子音l［エル］は、舌先を歯ぐきに押し当てて発音しましょう。

2 Jumlah sopir di kantor berapa orang ?
ジュムラ　ソピール　ディ　カントール　ブラパ　オラン

解説 疑問文です。文末上がり調子で読むことを忘れないようにしましょう。

3 Kira-kira (Kurang lebih) 50 orang dan seperempatnya bekerja di bagian ini.
キラ　キラ　クーラン　ルビ　リマ プル　オラン　ダン　スプルウンパッ(ト)ニャ　ブッ(ク)ルジャ ディ　バギアン　イニ

解説 seperempatnyaのt［テー］は詰まった音です。やや突き放すように「スプルウンパッ」と読み、最後に軽く「ト」とつけてみてください。

4 Pekerja memproduksi 3 buah kursi sehari.
ブクルジャ　ムンプロドゥクシ　ティガ　ブア　クルシ　スハリ

解説 pekerja、memproduksi、kursi、sehariにある子音r［エル］は、lと異なり、舌先をどこにも触れさせず震わせる、巻き舌の「エル」です。

5 Kalau tidak salah, Anda bisa menulis huruf kanji.
カラウ　ティダッ(ク)　サラ　アンダ　ビサ　ムヌリス　フルフ　カンジ

解説 二重母音au［アウ］ないし［オウ］を含むkalauの発音は「カロウ」とも「カラウ」ともなります。発音しやすいと思える方を使いましょう。

91

[シーン] 9 意見交換 ⑰

提携先の企業幹部と最近の法改正について意見交換をしています。

岡 Katanya pemerintah merevisi peraturan tentang penggunaan TKA. Apakah Ibu Maulia sudah punya rancangan revisi peraturan ?

マウリア Ya, kami sedang mengupas pasal-pasal secara seksama.

岡 Menurut berita, peraturan baru itu serumit peraturan lama. Benarkah hal itu ?

マウリア Belum tahu, Pak.
Tetapi kita harus tahu sejauh mana peraturan baru mempengaruhi usaha kita.

岡 Saya setuju pendapat Ibu.

岡： どうやら政府は外国人労働者の運用に関する規則を改定中とか。マウリアさんは規則の改定案をお持ちですか。
マウリア： はい、わが社では条文を慎重に検討しています。
岡： ニュースによると、新しい規則は以前のものと同じくらい複雑だそうですが、それは本当ですか。
マウリア： まだわかりません。しかし、新しい規則がわれわれの事業にどこまで影響するのかを知らねばなりません。
岡： 同感です。

主な語句

katanya [カタニャ]	(話しでは、噂では)〜らしい、〜そうだ
pemerintah [プムリンタ]	政府
peraturan [プルアトゥーラン]	規則
tentang [トゥンタン]	〜について
penggunaan [プングナアン]	運用、活用、使用、用途
TKA [テーカーアー]	外国人労働者を指す略語 (Tenaga…力　Kerja…労働　Asing…外国)
Ibu Maulia [イブゥー マウリア]	マウリアさん(女性の名前)
rancangan [ランチャガン]	案
revisi [レフィシ]	訂正、修正、改訂
secara [スチャラ]	〜的に、〜風に
seksama [スクサマ]	慎重な
berita [ブリタ]	ニュース
menurut〜 [ムヌルッ(ト)]	〜によると
baru [バルー]	新しい
lama [ラマ]	古い、時間を要する
benarkah [ブナールカ]	本当ですか
sejauh mana [スジャウ マナ]	どこまで

ワンポイント

katanyaとmenurutは大変似ている表現ですが、現地でkatanyaと言われたら要注意。なぜなら根拠なく、情報の出所も不確かなまま、「どうやら〜だそうだ」と言うときに使う表現だからです。逆にmenurutはその後に人や組織を置くことで、情報の出所を明らかにして、伝えることができます。

❶「AはBと同じくらい〜だ」

シーン5（P.58-59）では比較構文（AはBより〜だ）を学びました。ここでは「AはBと同じくらい〜だ」という同等比較文を2つ紹介します。

A＋se＋形容詞／一部の名詞など＋B

1つめは、比較するAとBの間に、「形容詞や一部名詞など」を置く方法です。そのとき、形容詞には必ず接辞seをつけるのがポイントです。

Peraturan baru itu ＋ <u>se</u>rumit ＋ peraturan lama.
　　その新しい規則　　　同じくらい複雑　　　古い規則

その新しい規則は古い規則と同じくらい複雑だ。

＊rumit　複雑な、面倒な

A＋sama＋形容詞／一部の名詞など＋dengan＋B

2つめは、比較するAとBの間に、「sama＋形容詞／一部名詞など＋dengan」を置く方法です。samaは「同じ、一緒に」、denganは「〜と」という意味の語ですが、実は1つめに出てきたseはこのsamaから派生されたものです。

Peraturan baru itu ＋ <u>sama</u> rumit ＋ <u>dengan</u>
　　その新しい規則　　　同じくらい複雑　　　〜と

＋ peraturan lama.
　　古い規則

その新しい規則は古い規則と同じくらい複雑だ。

どちらを使ってもよいですが、覚えやすい1つめのパターンをお薦めします。以下は名詞を用いた例文です。

私はあなたと同年齢です。　　　　　　　　　　　　＊usia　年齢

Saya seusia Anda.　　　Saya sama usia dengan Anda.

❷ 疑問文、否定文の作り方

　疑問詞がない文を疑問形にするには3つの方法があります。(1) apakahを文頭につける　(2) 疑問詞apaを文頭につける　(3) 何もつけず日本語と同じように、文末を上がり調子に読むことです。それぞれ「はい」か「いいえ」の答えを求める疑問文になります。読み方は基本的にどれも文末上がり調子です。

Apakah Ibu sudah punya rancangan revisi peraturan ?
あなたは、規則の改定案をお持ちですか。

Apa Ibu sudah punya rancangan revisi peraturan ?
あなたは、規則の改定案をお持ちですか。

(Ibu) sudah punya rancangan revisi peraturan ?
(あなたは、) 規則の改定案を持っていますか。

　では、これら3つの疑問文の違いは何でしょうか。実はフォーマル度に差があるのです。apakahをつける形が最もフォーマルで、apaはそれに準じます。一方、日常会話の疑問文ではapakahをつけないのが一般的ですし、主語を省略すると一層インフォーマルになります。なお、電話会話のように相手の顔が見えない場合は、apakahをつけることがあります。

⚡ ココに注意

　フォーマルで使う場合は、apakahをつけた形がお薦めです。apaをつける形もよく使われますが、疑問詞apa（何）と混同しやすいので慣れない間は無理して使わないでください。

次は、否定文の作り方です。基本的に名詞を含む文を否定文にする場合、否定詞bukanを主部と述部の間に、また動詞、助動詞、形容詞を含む文なら、主語の後、動詞、助動詞、形容詞の前に否定詞tidakをそれぞれ置きます。

Saya Hartono.　私はハルトノです。　　　　　　　　　＊シーン1　P.18
➡ Saya <u>bukan</u> Hartono.　私はハルトノ<u>ではありません</u>。

Saya bekerja di Bagian Pemasaran.
私はマーケティング部に勤務しています。　　　　　　　＊シーン1　P.18
➡ Saya <u>tidak</u> bekerja di Bagian Pemasaran.
　私はマーケティング部に勤務<u>していません</u>。

では最後に、疑問文に対する答え方を整理しておきます。動詞を含む疑問文に対する答え方は、「はい」ならyaです。形容詞や助動詞、名詞のある文もすべて同じです。反対に「いいえ」の場合、動詞、形容詞を含む文はtidak、名詞を含む文はbukan、助動詞を含む文は、tidakまたは助動詞を用います。

Anda Hartono？　あなたはハルトノですか。
- <u>Ya</u>, saya Hartono.　はい、私はハルトノです。
- <u>Bukan</u>, saya bukan Hartono.
　いいえ、私はハルトノではありません。

Apakah Bapak bekerja di Bagian Pemasaran？
あなたはマーケティング部に勤務していますか。

- <u>Ya</u>, saya bekerja di Bagian Pemasaran.
　はい、私はマーケティング部に勤務しています
- <u>Tidak</u>, saya tidak bekerja di Bagian Pemasaran.
　いいえ、私はマーケティング部に勤務していません。

❸ 接辞 per-an と pe-an のつく名詞（Per-an名詞／Pe-an名詞）

これまで主に接辞が特定の語根について、フォーマル動詞を派生させるパターンを見てきました。実は同じようにフォーマルな名詞を派生させる仕組みがほかにもいくつかあります。

ここでは、接頭辞 per と接尾辞 an、接頭辞 pe と接尾辞 an が、それぞれ特定の語根につきフォーマル名詞を派生させる例を紹介します。基本的に前者は Ber 動詞の語根、後者は Me 動詞、Me-kan 動詞、Me-i 動詞の各語根につきます。

ただし、名詞の語根の場合、そのまま per-an がついたり、語根によっては per-an と pe-an の両方がつく例外もあります。また、接頭辞 pe は接頭辞 me と同じく pe が、pem、pen、peng、peny、penge と変化し、一部の音が消えます。

■ 接辞 per-an

- atur／beratur　整列する、並ぶ ➡ peraturan　規則、規定
　　　　　　　　　　　　　　　　　＊beratur はほとんど使われていない。
- berusaha　努力する、事業を行う ➡ perusahaan　企業、会社
　　　　　　　　　　　　　　　　　＊シーン5　P.53参照
- izin　許可、承認 ➡ perizinan　許可、認可、承認
- bertanya　質問する、尋ねる
　➡ pertanyaan　質問、尋問、設問　　＊シーン4　P.45参照

■ 接辞 pe-an

- mengatur　整理する、規制する、管理する、調整する
　➡ pengaturan　規制、管理、調整
- menggunakan　～を利用する、使用する、運用する
　➡ penggunaan　用途、運用、用法
- membuka　開く、開ける、脱ぐ
　➡ pembukaan　開設、着手　　＊シーン2　P.27参照

- ➡ <u>menerbangi</u>　〜を飛行する
- ➡ <u>menerbangkan</u>　〜を飛行させる
- ➡ <u>penerbangan</u>　便、フライト、航空、飛行　＊シーン7　P.71参照

ワンポイント

　フォーマル動詞習得がフォーマル名詞の理解につながります。まずは、Ber動詞、Me動詞などを生み出す接辞と語根の関係を把握せねばなりません。それができれば、フォーマル名詞の語根を探り出し辞書で意味を突き止められるようになります。文章やフォーマルな会話において、理解していないと困るような単語ばかりですから、根気強く覚えるよう努めましょう。

❹ シーン9で使われたフォーマル動詞

- revisi　改定、修正、訂正
Ini rancangan revisi peraturan.　これは規則の改定案です。
 ➡ <u>merevisi</u>　〜を改定する、修正する、訂正する
Pemerintah merevisi peraturan tentang penggunaan TKA.
政府は外国人労働者の運用に関する規則を改定しています。

- kupas　皮を剥く、剥ぐ、解析する、検討する、精査する
Kami kupas jeruk.　私たちはミカンをむく。

＊ jeruk　みかん、オレンジ

 ➡ <u>mengupas</u>　皮を剥く、剥ぐ、解析する、検討する、精査する
Kami mengupas pasal-pasal itu.　＊ pasal-pasal itu　それら条文
私たちはそれら条文を検討しています。

・pengaruh　影響 ➡ berpengaruh　影響のある、影響力がある
Peraturan baru berpengaruh terhadap usaha kita.
新たな規則はわれわれの事業に影響がある。

＊terhadap　～に対して　　usaha　事業、ビジネス

➡ mempengaruhi　～に影響する
Peraturan baru mempengaruhi usaha kita.
新たな規則はわれわれの事業に影響する。

・setuju　同意する、賛成する（se + tuju方角、方向、～へ向かう）
Saya setuju pendapat Ibu.　私はあなたのご意見に賛成です。
➡ menyetujui　～に同意する、賛成する
Saya menyetujui pendapat Ibu.
私はあなたのご意見に賛成です。

　setujuを用いるときは、前置詞denganを置かねばなりませんが、会話では省略されることもあります。前置詞の有無は、接辞をつけるかつけないかと同じく、フォーマル度に影響しています。
　また、もともと名詞であるrevisiやpengaruhは、me動詞やme-i動詞になることでフォーマルな他動詞に派生されます。一方、kupasやsetujuのように語根自体が動詞の場合、意味は同じでも接辞がついてより丁寧な言い方になります。なお、語根によっては接辞berがついて自動詞になるものもあります。まずは、接辞がつくほどフォーマル度が増していると言うことを覚えておきましょう。

文を作ろう！

次の文をインドネシア語に直してみましょう。

1. どうやら、政府は支店開設に関する規則を改定中らしい。

   ヒント
   ▶支店…cabang
   　　　　チャバン

2. 岡さんによると、十和田湖はトバ湖と同じくらい美しい。

   ヒント
   ▶十和田湖…danau Towada
   　　　　　　ダナウ　トワダ
   ▶トバ湖（スマトラ島北部にある湖）…danau Toba
   　　　　　　　　　　　　　　　　　　ダナウ　トバ
   ▶美しい、きれいな…indah
   　　　　　　　　　　インダ

3. 彼女は、マーケティング部に勤務していますか。

   ヒント
   ▶最もフォーマルな形で尋ねてみましょう。

4. はい、彼女はマーケティング部に勤務しています。

5. いいえ、彼女はマーケティング部に勤務していません。

読んでみよう！ ⑱

前ページでつくったインドネシア語を確認し、声に出して読んでみましょう。

1 Katanya pemerintah merevisi peraturan tentang pembukaan cabang.
カタニャ　プムリンタ　ムレフィシ　プルアトゥーラン　トゥンタン　プンブカアン　チャバン

解説 tentangのngは母音がつかない鼻音の［ガ］です。「ン」と発音します。

2 Menurut Pak Oka, danau Towada seindah danau Toba.
ムヌルッ(ト)　パッ(ク)　オカ　ダナウ　トワダ　スインダ　ダナウ　トバ

解説 indahの最後の音hは発音しないので、「インダハー」ではなく「インダ」と発音します。

3 Apakah dia bekerja di Bagian Pemasaran ?
アパカ　ディア　ブッ(ク)ルジャ　ディ　バギアン　プマサラン

解説 最も丁寧な疑問文です。文末は必ず上がり調子に読みましょう。

4 Ya, ia bekerja di Bagian Pemasaran.
ヤー　イア　ブッ(ク)ルジャ　ディ　バギアン　プマサラン

解説 bekerja、pemasaranのeは曖昧音の「ウ」です。

5 Tidak, ia tidak bekerja di Bagian Pemasaran.
ティダッ(ク)　イア　ティダッ(ク)　ブッ(ク)ルジャ　ディ　バギアン　プマサラン

解説 tidakの最後の音k［カ］は詰まった音です。やや突き放すように「ティダッ」と読み、最後に軽く「ク」とつけてみましょう。

[シーン] 10 研修会の司会 ⑲

現地法人の研修会で岡さんが司会をしています。

岡: Bapak-Bapak dan Ibu-Ibu, sebentar lagi pelatihan ini akan kami akhiri. Oleh karena itu, kami mempersilakan para peserta untuk bertanya.

参加者: Saya bertanya kepada Pembawa Acara. Apakah KM akan memperbanyak pelatihan?

岡: Ya, kami sedang mempelajari hal itu sambil memperhatikan kondisi daerah. Mungkin pelatihan akan kami perbanyak. Apakah Ibu merasa puas dengan jawaban kami?

参加者: Ya, terima kasih.

岡: 皆様、まもなくセミナーを終了いたします。ご質問がございましたらどうぞ。

参加者: 司会の方にお尋ねします。セミナーを増やす予定はありますか。

岡: はい、地域の状況を見ながらそれについて検討中です。おそらく研修を増やすことになるでしょう。 私どもの回答でご満足いただけましたか。

参加者: はい、ありがとうございます。

主な語句

sebentar lagi [スブンタール ラギ]	まもなく
pelatihan [プラティハン]	研修、セミナー（pe-an名詞はシーン9 P.97-98参照）
mempersilakan [ムンプルシラカン]	～するよう勧める（silalan…どうぞ～してください）
para [パラ]	～たち
Pembawa Acara [プンバワ アチャラ]	司会（pembawa…進行役　acara…行事、イベント）
KM [カーエム]	小林マヌファクチュアリング社（PT. Kobayashi Manufakturingの略称）
memperbanyak [ムンプルバニャッ(ク)]	増やす、増大させる（banyak…多い、たくさんの）
mempelajari [ムンプラジャリ]	～を検討する、研究する（ajar…教え　berajar…学ぶ）
memperhatikan [ムンプルハティカン]	～を考慮する、～に注意する（hati…心、心情、心臓）
mungkin [ムンキン]	おそらく
puas [プアス]	満足な
jawaban [ジャワバン]	答え、回答
Oleh karena itu～ [オレ カルナ イトゥー]	それ故に、そのようなわけで～だ

ワンポイント

「皆様！」と全体に呼びかける場合、その顔ぶれにより語句が変化します。例えば、お客様が集まっているような会議の場合、人称代名詞「Bapak」「Ibu」を複数形にして用います。ダイアログでは男女がいるという前提ですが、男性だけ・女性だけなら片方だけを重ねた形になります。また、上司や同僚、部下の男女が混ざっているような場合は、同格ないし格下の相手に使えるSaudara（あなた）の複数形を加えねばなりません。

Bapak-Bapak！　皆様（男性のみ）　　Ibu-Ibu！　皆様（女性のみ）
Bapak-Bapak dan Ibu-Ibu！　皆様（男女）
Bapak-Bapak, Ibu-Ibu, dan Saudara-Saudari！　皆様（男女）

❶ 接辞memperのつく動詞（Memper動詞）

これまでのフォーマル動詞と同じく、接辞memperが特定の語根について他動詞を派生させています。対象の語根は名詞、動詞、形容詞、数詞などですが、文法的に一貫性や整合性が乏しいため、究極の習得法は、基本構造を理解した上で単語をそのまま覚え込むということになります。Memper動詞は、主語と目的語の間におかれ、(1) 接頭辞memperのみが語根につく場合 (2) 接頭辞memperと接尾辞kanが語根を挟むようにつく場合 (3) 接頭辞memperと接尾辞iが語根を挟むようにつく場合の3つの形態があります。

■ memper ＋語根

- silakan　どうぞ〜してください　　　　　　＊シーン20　P.198参照
  Silakan bertanya.　どうぞご質問ください。
  ➡ Kami mempersilakan para peserta untuk bertanya.
  私たちは皆さんが質問されるようお勧めいたします。
  （ご質問がございましたらをどうぞ。）

- banyak　多い
  Banyak orang ikut pelatihan KM.
  大勢の人が小林マヌファクチュアリングの研修に参加する。
  ➡ KM akan memperbanyak pelatihan.
  小林マヌファクチュアリングは研修を増やす予定です。

■ memper ＋語根＋ i

- ajar　教え／belajar　学ぶ、勉強する
  Kami sedang belajar hal itu.　　　　　＊ajarのみでは使わない
  私たちはそのことを勉強しています。

  ➡ Kami sedang mempelajari hal itu.
  私たちはそのことを検討中です。

＊ajarにつく接頭辞berが例外的にbelになるのと同様、memperはmempelに変化

■ memper ＋語根＋ kan

・hati　心、心情、心臓
Kita punya hati.　私たちにはハートがあります。
キタ　ブーニャ　ハティ
➡ Kami memperhatikan kondisi daerah.
カミ　ムンプルハティカン　コンディシ　ダエラ
私たちは地域の状況を考慮しています。

② 受動態文 1（1～2人称）

受動態は日本語でも普通に使われています。例えば「映画は私に観られる」、「この法案は昨日国会で可決された」など目的語が主語になる文章です。インドネシア語でも、受動態文はよく使われます。日常的には、敬語がないため主語から始まる能動態文より目的語を先行させる受動態文の方が丁寧感があると考えられます。また、書き言葉やフォーマルな長文になるに従い、受動態文がよく使われます。要点は下記の通りです。

(1) 能動態文の主語の人称により2種類あり、それに伴い文の語順が異なる。
(2) 動詞は一部例外を除きMe動詞、Me-kan動詞、Me-i動詞、Memper動詞など目的語にかかる他動詞を指す。
(3) 動詞は接辞を除去し原形（語根）に戻す。ただし、Memper動詞は接頭辞memperのmemのみを除きperは残す。またMe-i動詞、Me-kan動詞、Memper動詞の接尾辞は除去しない。
(4) 文に否定詞や助動詞があるときは、目的語の後に置く。

ここでは1、2人称が主語の受動態文を作ってみます。3人称の受動態文は、シーン15（P.155-157）で紹介します。

能動態文　主語＋動詞＋目的語
⬇
受動態文　目的語＋主語＋動詞の原形（語根）

105

* 否定詞・助動詞がある文

能動態文 　主語＋否定詞／助動詞＋動詞＋目的語

⬇

受動態文 　目的語＋否定詞／助動詞＋主語＋動詞の原形（語根）

Me動詞

- <u>membaca</u> 〜を読む ➡ baca 〜を読む 　＊シーン３　P.36参照

Saya ingin <u>membaca</u> isinya. 　私はその内容を読みたい。

➡ Isinya ingin saya <u>baca</u>. 　その内容は私が読みたい。

Me-i動詞

- <u>mengakhiri</u> 〜を終わらせる、終了する
  ➡ akhiri 〜を終わらせる、終了する

Sebentar lagi, kami akan <u>mengakhiri</u> pelatihan ini.
まもなく私たちはこのセミナーを終了させます。

➡ Sebentar lagi, pelatihan ini akan kami <u>akhiri</u>.
まもなくこのセミナーは私たちが終了させます。

Me-kan動詞

- <u>menyiapkan</u> 〜を準備する ➡ siapkan 〜を準備する

＊シーン７　P.71参照

Kami sedang <u>menyiapkan</u> penerbangan pengganti.
現在、私たちは代替便を準備中です。

➡ Penerbangan pengganti sedang kami <u>siapkan</u>.
現在、代替便は私たちが準備中です。

Memper動詞1

- <u>memperbanyak</u> 〜を増やす、増大させる
  ➡ perbanyak 〜を増やす、増大させる

Anda akan <u>memperbanyak</u> pelatihan.
あなたは研修を増やすつもりです。

106

➡ Pelatihan akan Anda perbanyak.
プラティハン アカン アンダ プルバニャッ(ク)
研修はあなたが増やすつもりです。

Memper動詞2

・mempelajari ～を検討する、研究する
　ムンプラジャリ
　➡ pelajari ～を検討する、研究する
　　プラジャリ
Kami tidak mempelajari hal itu. ＊否定詞があるパターン
カミ ティダッ(ク) ムンプラジャリ ハル イトゥ
われわれはそれについて検討していません。

➡ Hal itu tidak kami pelajari.
ハル イトゥー ティダッ(ク) カミ プラジャリ
そのことをわれわれは検討していません。

Memper動詞3

・memperhatikan ～を考慮する、～に注意する
　ムンプルハティカン
　➡ perhatikan ～を考慮する、～に注意する
　　プルハティカン
Ibu memperhatikan kondisi daerah.
イブー ムンプルハティカン コンディシ ダエラ
あなたは地域の状況を見ます。

➡ Kondisi daerah Ibu perhatikan.
コンディシ ダエラ イブー プルハティカン
地域の状況はあなたが見ます。

一部例外パターン（語根動詞）

Saya makan soto ayam. 私はソトアヤムを食べます。
サヤ マカン ソト アヤム
➡ Soto ayam saya makan. ソトアヤムは私が食べます。
　ソト アヤム サヤ マカン

＊soto ayam 鶏肉のスープ

makanは他動詞ではなく自動詞ですが、便宜的に受身形になります。同様の単語にminum（飲む）があります。
マカン　　　　　　　　　　　　　　　　　　　　　ミヌム

❸ 接辞peのつく名詞（Pe名詞）

接辞peはシーン9（P.97-98）で出てきた接辞per-an、pe-anと同様、フォーマル名詞の1つです。接辞peが動詞、名詞、形容詞、数詞

など特定の語根について、関連する人間や道具などを表す名詞に派生します。動詞は、Me動詞、Me-kan動詞、Me-i動詞の語根につく場合、接頭辞meやPe-an名詞の接頭辞peと同じくpeが、pem、pen、peng、penyeに変化し、一部の音が消えます。

■ **名詞**

- perintah 命令、指令、指揮
  ⇒ memerintah 命令する、指揮する、統率する、支配する
    ⇒ pemerintah 政府

- jalan 道、道路、歩く、行く、進む
  ⇒ berjalan 歩く、行く、進む、旅行する、移動する
    ⇒ pejalan 歩行者

■ **動詞**

- bawa 〜をもたらす、持って行く、持ち込む、案内する
  ⇒ membawa 〜をもたらす、持って行く、持ち込む、案内する、携行する、持参する
    ⇒ pembawa 運搬人、進行役

- ganti 変わる、交替する、交替、代理人
  ⇒ menggantikan 〜を受け継ぐ、継承する、〜に代わる
    ⇒ pengganti 代用品、代替、補欠、代理人、後任

■ **形容詞**

- panas 熱い、暖かい
  ⇒ memanaskan 〜を熱くする、温める、加熱する
    ⇒ pemanas ヒーター、暖房

■ **その他**

- serta 〜と共に、一緒に、並びに、加わる、参加する

➡ **beserta**　〜と共に、一緒に、加わる、参加する、参画する
　ブスルタ
　　➡ **peserta**　参加者、出席者
　　　ブスルタ

＊接辞berがbeに変化する理由はP.23-24参照

ワンポイント

　フォーマル名詞攻略にはフォーマル動詞を理解することが不可欠です。語根と接辞の関係がわからないと辞書で単語の意味を調べることもできません。また、いかに多くの単語を知っているかも重要です。もしpanas（暑い、熱い）がわかれば、pemanasを知らなくても、関連する単語を類推し「ヒーター」にたどり着けるのです。

4 シーン10で使われたフォーマル動詞

・**akhir**　終わり、最後、終局、帰結
　アッヒル
　Kami akan memulai pelatihan akhir bulan ini.
　カミ　アカン　ムムライ／ムムレイ　プラティハン　アッヒル　ブラン　イニ
　私たちは今月の終わりにセミナーを開会します。

＊memulai（me + mulai）始める　　bulan ini　今月

　➡ **mengakhiri**　〜を終了させる　　　＊1〜2人称受身形ではakhiri
　　ムンアッヒリ
　Kami akan mengakhiri pelatihan ini.
　カミ　アカン　ムンアッヒリ　プラティハン　イニ
　私たちはこのセミナーを終了いたします。

・**silakan**　どうぞ〜してください
　シラカン
　➡ **mempersilakan**　〜することを勧める
　　ムンプルシラカン

・**banyak**　多い ➡ **memperbanyak**　〜を増やす、増大させる
　バニャッ(ク)　　　　　　ムンプルバニャッ(ク)
＊1〜2人称受身形ではperbanyak

・**ajar / belajar**　教え/勉強する
　アジャール　ブラジャール
　➡ **mempelajari**　〜を検討する、研究する
　　ムンプラジャリ

- hati　心 ➡ memperhatikan　〜を考慮する、〜に注意する
  ハティ　　　　ムンプルハティカン

- rasa　感情、感覚、味
  ラサ
  Anak kecil suka rasa manis.　子供は甘い味が好きです。
  アナッ(ク)　クチル　スカ　ラサ　マニス
  ➡ merasa　感じる、味わう、理解する
  　ムラサ
  Saya merasa hal itu benar.　私はそのことが本当だと思う。
  サヤ　ムラサ　ハル　イトゥー　ブナール

　語根が名詞であるakhir、ajar、hati、rasa、形容詞のbanyakには、それぞれ接辞がつき、Me-i動詞、Memper動詞、Me動詞などフォーマルな他動詞が派生されています。少し変わり種はsilakanです。silakanを動詞の前におくだけで、丁寧な依頼表現なのですが、接辞memperがつくことでフォーマル動詞になります。

> **コラム**　インドネシア人の名前ってどうなっているの？

　多様な文化、宗教を背景に名前もさまざまです。日本人のように姓（苗字）と名前（個人名）からなる名前をもつ人は少数派です。例えば、中部ジャワ出身のジョコ・ウイドド〔Joko Widodo〕大統領（任期2014〜2019年）の名前は、欧米人の如くJokoがファーストネーム、Widodoがファミリーネーム（姓）と誤解されがちですが、2つとも個人名なのです。このことは彼の家族の名前からも明白です。大統領夫人の名前は、ジャワ人に多い一語名のイリアナ〔Iriana〕、長男はギブラン・ラカブミン・ラカ〔Gibran Rakabuming Raka〕というようにジョコ氏以外誰一人としてウイドドがついていないのです。ただし、慣例として女性は結婚すると、自分の名前の後ろに夫の名前をつけることが多く、イリアナ夫人も報道等では、イリアナ・ウイドド〔Iriana Widodo〕と紹介されています。

　では、2つ以上の名前があるインドネシア人をどう呼べばよいのでしょうか。そのときは、Panggilannya apa？（呼び名は何ですか）と尋ねてみるのが一番です。

文を作ろう！

次の文をインドネシア語に直してみましょう。

1 まもなくスピーチコンテストを開会いたします。

ヒント
- ▶語順と動詞の形に注意しながら「～を私たちは～する」という1人称受動態文にしてみましょう。
- ▶スピーチコンテスト…lomba pidato
   ロンバ　ピダト

2 そのようなわけですので、皆様ここにお集まりください。

ヒント
- ▶集まる…berkumpul　▶ここに…di sini
   ブルクンプール　　　　　　　　ディ　シニ

3 あなたはスピーチコンテストを増やすつもりですか。

ヒント
- ▶ここでの「あなた」は年配女性という想定です。

4 はい、そのことは現在検討中です。

ヒント
- ▶語順と動詞の形に注意しながら「～を私たちは～する」という1人称受動態文にしてみましょう。

5 彼は力士です。

ヒント
- ▶力士、相撲取り…pesumo（pe + sumo）
   プスモ

読んでみよう！ ⑳

前ページでつくったインドネシア語を確認し、声に出して読んでみましょう。

1 Sebentar lagi lomba pidato akan kami mulai.
スブンタール　ラギ　ロンバ　ピダト　アカン　カミ　ムライ

解説 mulaiのaiは二重母音［アイ］と［エイ］なので、発音は「ムライ」、「ムレイ」と2通りあります。

2 Oleh karena itu, kami mempersilakan para peserta untuk berkumpul di sini.
オレ　カルナ　イトゥー　カミ　ムンプルシラカン　パラ　プスルタ　ウントゥッ(ク)　ブルクンプール　ディ　シニ

解説 untukの子音k［カー］は詰まった音です。やや突き放すように「ウントゥッ」と読み、最後に軽く「ク」とつけましょう。

3 Apakah Ibu akan memperbanyak lomba pidato ?
アパカ　イブー　アカン　ムンプルバニャッ(ク)　ロンバ　ピダト

解説 フォーマルな疑問文です。文末は上がり調子で読みましょう。

4 Ya, hal itu sedang kami pelajari.
ヤー　ハル　イトゥー　スダン　カミ　プラジャリ

解説 hal、pelajariの子音l［エル］は、舌先を歯ぐきに押し当てて発音しましょう。

5 Dia pesumo.
ディア　プスモ

解説 pesumoのpeは曖昧音の「ウ」です。「ペスモ」とは発音しないように注意しましょう。

[シーン] 11 電話対応

上司宛ての電話に岡さんが対応しています。

デゥイ: Halo, bisa bicara dengan Bapak Sano ?

岡: Bapak Sano sedang pergi dinas ke luar kota. Maaf, saya berbicara dengan siapa ?

デゥイ: Saya Dewi yang menangani investasi baru di BKPM. Minggu depan ada rapat. Pulangnya kapan ?

岡: Lusa, Bu. Mohon menunggu dua hari lagi.

デゥイ: Tolong sampaikan kepada Bapak Sano bahwa saya menunggu telepon atau email. Minggu depan ada rapat yang sangat penting.

岡: Baik, Ibu.

デゥイ: もしもし、佐野さんはいらっしゃいますか。

岡: 佐野は地方出張中です。失礼ですが、どちら様ですか。

デゥイ: 投資調整庁で新規案件を担当するデゥイと申します。来週会議があるのですが、お帰りはいつですか。

岡: 明後日です。どうかあと2日ほどお待ち願います。

デゥイ: お電話かメールをいただきたいと佐野さんにお伝えください。来週非常に重要な会議があるのです。

岡: 承知いたしました。

113

主な語句

Bapak Sano [バパッ(ク) サノ]	佐野さん（男性）
luar kota [ルアール コタ]	市外、郊外（＝地方）
Dewi [デゥイ]	デゥイ（女性の名前）
pulangnya [プーランニャ]	お帰り（pulang帰る + nya彼の　P.85参照）
Kapan [カパン]	いつ
lusa [ルサ]	明後日
menunggu [ムヌングー]	〜を待つ
kepada [クパダ]	〜に
bahwa [バーワ]	〜ということを
telepon atau email [テレポン／テレフォン アタウ イーメール]	電話かEメール（telepon…電話　atau…あるいは、〜か）
sangat [サンガッ(ト)]	とても、非常に
penting [プンティン]	重要な

覚えておきたいフレーズ

sedang pergi dinas ke...
スダン　プルギ ディナス ク

訳 〜へ出張する
単語 sedang…〜している　pergi…行く
dinas…公務、職務、機関、局

ワンポイント

　デゥイさんにBapak Sano…？（佐野さんは…）と尋ねられた際の岡さんの返答に注目してください。日本語訳では「佐野は〜」と敬称をつけていませんが、インドネシア語はBapak Sano….（佐野さんは…）となっています。つまり、日本では他社の人に対して自社の人を呼ぶ際、たとえ上司であっても敬称を外しますが、インドネシアでは外しません。

❶ 関係代名詞 yang 1

インドネシア語の関係代名詞yang(ヤン)には、次のような機能があります。

1．意味は変わらないが、形容詞が名詞を修飾する文において、形容詞を強調するときに使う

名詞＋yang＋形容詞

Kamar bersih.　清潔な部屋。

＊kamar　部屋　　bersih　清潔な、きれいな

➡ Kamar yang bersih.　清潔な部屋。

2．意味は変わらないが、主語を強調するときに使う

主語＋yang＋述語

誰が2つめの質問に答えてくれるんですか。

...siapa yang akan menjawab pertanyaan kedua ?
...siapa akan menjawab pertanyaan kedua ?

3．日本語の何を指しているかわかっているので省略する「～の」（こっちのを）という言い回し　＊シーン14　P.148-149参照

4．単語が多く修飾関係が複雑な文を1つにまとめるとき、「つなぎ」として用いる

フォーマル会話ではこの用法を習得する必要があります。まず、簡単な例文から見ていきます。

① Itu tas Bapak.　　　　＋　　　Tas itu baru dan mahal.
　あれはあなたの鞄です。　　　　あの鞄は新しくて高価です。

＊tas　鞄、バッグ　　baru　新しい　　mahal　高価な

➡ Tas Bapak tas yang baru dan mahal.
　あなたの鞄は、新しくて高価な鞄です。

② Minggu depan ada rapat. ＋ Rapat sangat penting.
　来週会議があります。　　　　　会議は非常に重要なのです。

➡ Minggu depan ada rapat yang sangat penting.
　来週非常に重要な会議があるのです。

③ Saya Dewi. ＋ Saya menangani investasi baru.
　私はデゥイです。　私は新規案件を担当しています。

➡ Saya Dewi yang menangani investasi baru.
　新規案件を担当するデゥイと申します。

　①の文では、tas Bapak（あなたの鞄）を baru dan mahal（新しくて高価な）という2種類の特徴を指す形容詞句がyangを介し修飾しています。また②の文では、rapat（会議）を sangat penting（非常に重要な）という形容詞句がyangを介し修飾しています。このように修飾する句ないし修飾される句（あるいは両方とも）が1語を超える複雑な文では、yangを挿入することで1つの文に整理できます。③の文は、動詞を含む句（動詞句）がある文章です。ここでは1つめの文のDewiと後続する文の動詞句menangani investasi baru（新規案件を担当しています）とが、yangによって関係づけられ、1つの文に整理されています。

❷ 命令依頼表現2

　基本的な命令形の作り方はシーン2（P.31-32）で解説しました。ここでは相手に「どうか（私のために）〜してください」と、自分のためにしてもらいたいことを丁寧に依頼する表現tolong、mohonを学びます。

■ tolong

　上司や顧客など格上の相手に何かを依頼するときや、相手が部下や自分が顧客の立場であっても丁寧に頼みたいときに、tolongを動

詞の前に置きます。

Ikut saya ke ruang rapat.　私と一緒に会議室に来なさい。
➡ <u>Tolong</u> ikut saya ke ruang rapat.
　どうか私と一緒に会議室へ来て下さい。

　ダイアローグに出てきた動詞sampaikanはもともとMe-kan動詞のmenyampaikanです。これを用いて平叙文、命令文、依頼文を作ってみます。

平叙文　Anda <u>menyampaikan</u> kepada Bapak Sano….
　　　あなたは…を佐野さんに伝えます。

命令文　<u>Sampaikan</u> kepada Bapak Sano….
　　　佐野さんに…を伝えなさい。

依頼文　Tolong <u>sampaikan</u> kepada Bapak Sano ….
　　　どうか佐野さんに…をお伝えください。

　命令文と依頼文の動詞には接頭辞menyが取れ、sampaikanとなっています。これは命令形や依頼文では、他動詞の接頭辞が外されるという規則に基づきます。そしてMe動詞、Me-kan動詞、Me-i動詞、Memper動詞など他動詞が命令依頼表現に変わるときの形にも注意が必要です。ただし、語根動詞やBer動詞のように自動詞なら接頭辞は取れずに残ります。上の例文にあるikutはその1例です。

平叙文→命令／依頼表現

・Bapak berbicara bahasa Inggris.　あなたは英語を話します。

　　　　　　　　　　　　　　　　＊bahasa 言語　　Inggris イギリスの

➡ Berbicara bahasa Inggris.　英語を話しなさい。
➡ Tolong berbicara bahasa Inggris.
　どうか英語を話してください。

- Anda menunggu dia. あなたは彼を待つ。
  ⇒ Tunggu dia！ 彼を待て。
  ⇒ Tolong tunggu dia. どうか彼を待ってください。

- Nyonya menemani dia. あなたは彼に同行する。

    ＊menemani　～に同行する

  ⇒ Temani dia！ 彼に同行しなさい。
  ⇒ Tolong temani dia. どうか彼に同行してください。

- Tuan memperbaiki meja. あなたは机を直す。

    ＊memperbaiki　～を修理する　　meja　机

  ⇒ Perbaiki meja. 机を直しなさい。
  ⇒ Tolong perbaiki meja. どうか机を直してください。

- Anda memperlihatkan foto ini. あなたはこの写真を見せる。
  ⇒ Perlihatkan foto ini. この写真を見せなさい。
  ⇒ Tolong perlihatkan foto ini.
    どうかこの写真を見せてください。

ココに注意

tolongを使えば丁寧な表現になりますが、使いすぎは禁物です。例えば、相手が部下や自宅のお手伝いさん、運転手なら、よほどお願いしないといけない状況は別として、tolongを用いるより文末にya（～でしょう、～ね）をつけて、優しくする方が自然です（P.32参照）。

Tunggu dia ya. 彼を待っててね。

■ mohon

mohonはtolongと似ている丁寧な依頼表現ですが、少し異なります。

(1) 相手に対し敬意をもって依頼したり、自分より格上の相手に何かを要請したりする際に使う

ダイアローグでは佐野氏（上司）の部下（岡氏）が、上司に電話をかけてきたデゥイ氏に対し、mohonを用いています。またシーン7（p.71）では航空会社職員がフライト欠航に際し乗客の岡氏に対して用いています。このような状況ではtolongではなくmohonを用います。また、他動詞の接頭辞が常に取れるとは限らず、ついている場合はよりフォーマルな言い方になります。

Mohon menunggu (tunggu) informasi berikutnya.
どうか次のご案内をお待ちください。

Mohon menunggu (tunggu) dua hari lagi.
どうかあと2日ほどお待ち願います。

(2) mohon は後に名詞を置くことができる

Mohon pengertian Bapak-Bapak dan Ibu-Ibu.
皆様のご理解（を賜りたく）お願い申し上げます。

＊pengertian 理解　Bapak-Bapak dan Ibu-Ibu 皆様

(3) 謝罪する際、最も丁寧な表現

Mohon maaf.　申し訳ありません。　　　＊シーン1　P.22参照

❸ シーン11で使われたフォーマル動詞

- tangan 手
 Tangan kamu kotor. 君の手は汚い。 ＊kamu 君　kotor 汚い
 ➡ menangani ～を手がける、を担当する
 Saya menangani investasi baru.
 私は新規案件を担当しています。

- tunggu ～を待つ ➡ menunggu ～を待つ ＊P.78参照

- sampai 着く、～まで
 Mereka sampai di rumah. 彼女たちは家に着いた。
 ➡ menyampaikan ～を伝達する、届ける、配達する
 Mereka menyampaikan hal ini kepada atasan.
 彼女たちはこのことを上司に伝えます。 ＊atasan 上司

　もともと名詞であるtanganはMe-i動詞に、動詞のsampaiはMe-kan動詞に、それぞれフォーマルな他動詞に派生されています。

コラム　もう結婚していますか？ (Sudah menikah ?)

　インドネシアでは、相手が外国人でも少し親しくなったり、若年だと「結婚していますか？」と、よく尋ねられます。「はい」と答えると、「お子さんは何人？」、「男の子？　女の子？」と質問が続きます。日本では、よほど親しくならないと相手の個人事情を尋ねたりしませんが、インドネシアでは普通の会話です。社交辞令的な面もあり、「どうしてこの人は個人情報を聞くのだろう」と悩む必要はありません。宗教的背景に加え、会社でも机に家族の写真を飾っている人も多く、家族を大切にしている人たちだからこそ、自然と「結婚」が関心事になってしまうようです。

文を作ろう！

次の文をインドネシア語に直してみましょう。

1 佐野さんはメダンへ出張中です。

ヒント
▶メダン（地名）…Medan

2 投資調整庁を担当している岡です。

3 どうかもう1週間お待ち願います。

ヒント
▶mohon を使ってみましょう。　▶もう1週間、更に1週間…seminggu lagi

4 この誕生パーティーは非常に重要なパーティーなのです。

ヒント
▶誕生パーティー…pesta ulang tahun

5 どうかデウィさんによろしくお伝えください。

ヒント
▶（私たち／私からの）よろしく…salam kami/saya

読んでみよう！ ㉒

前ページでつくったインドネシア語を確認し、声に出して読んでみましょう。

1 Bapak Sano sedang pergi dinas ke Medan.
バパッ(ク)　サノ　スダン　プルギ　ディナス　ク　メダン

解説 Medanの子音eは曖昧音［ウ］ではないので「ムダン」とは発音しません。

---

2 Saya Oka yang menangani BKPM.
サヤ　オカ　ヤン　ムナガニ　ベーカーペーエム

解説 menanganiの真ん中にあるngaはngの後に母音aがつく鼻音の［ガ］です。舌先をどこにもつけず鼻にかけながら一気に「ガ」と発音してください。決して「ムナンガニ」とならないよう気をつけましょう。

---

3 Mohon menunggu (tunggu) seminggu lagi.
モホン　ムヌングー　トゥングー　スミングー　ラギ

解説 menunggu（tunggu）、semingguのuを発音する際は、やや唇を丸めて「ウー」と発音してみましょう。

---

4 Pesta ulang tahun ini pesta yang sangat penting.
ペスタ　ウラン　タフン　イニ　ペスタ　ヤン　サンガッ(ト)　プンティン

解説 子音hは異なる母音に挟まれた場合発音しませんが、tahunは「タウン」と「タフン」の2通りあります。

---

5 Tolong sampaikan salam kami (saya) kepada Ibu Dewi.
トロン　サンパイカン　サラーム　カミ　サヤ　クパダ
イブー　デゥイ

解説 sampaikanのaiは二重母音［アイ］と［エイ］なので、発音は「サンパイカン」、「サンペイカン」と2通りあります。

第2章
生活会話

[シーン] 12 仕事内容をメイドさんに指示する ㉓

岡夫人がメイドさんに仕事の内容を指示しています。

岡夫人: Rina, jangan cuci beras dan sayur dengan air keran ya.
Kalau mau cuci, pakai air dispenser ini.

リナ: Maaf, saya baru tahu itu, Nyonya.

岡夫人: Tidak apa-apa. Sekarang kamu sudah tahu alat itu namanya dispenser. Jangan lupa ya.

リナ: Baik Nyonya, tetapi kalau mau membuat kopi atau teh Tuan, saya pakai air mana ?

岡夫人: Air dispenser saja.

リナ: Oh begitu.

岡夫人: リナ、水道水でお米と野菜を洗わないでくださいね。洗うときはこの浄水器の水を使ってください。

リナ: すみません、奥様、初めて知りました。

岡夫人: いいのよ。あなたはもうその装置はディスペンサーという名前だと知ったわけです。忘れちゃだめですよ。

リナ: わかりました。しかし、旦那様のコーヒーかお茶をいれるとき、私はどの水を使うんですか。

岡夫人: 浄水器の水ですよ。

リナ: そうなんですか。

主な語句

cuci [チュチ]	～を洗う、洗濯する
beras [ブラス]	米
sayur [サユール]	野菜
air keran [アイル クラン]	水道水（air…水 keran…蛇口）
ya [ヤー]	～してね
pakai [パカイ／パケイ]	～を使う、着る
dispenser [ディスペンサー]	浄水器、ディスペンサー
tahu [タウ]	知る
sudah [スダ]	すでに～した、もう～した
alat [アラッ(ト)]	装置、道具
namanya [ナマニャ]	その名前
membuat [ムンブアッ(ト)]	～をつくる
kopi [コピ]	コーヒー
teh [テ]	お茶
mana [マナ]	どの、どれ
～saja [サジャ]	～だけ、のみ（単に先行する名詞を強調したい場合にも用いるが、訳さない）

覚えておきたいフレーズ

tidak apa-apa. ティダッ(ク) アパ アパ	**訳** 大丈夫、気にしないで。 **単語** tidak…～ない（動詞・形容詞・助動詞の否定） apa-apa…何も
oh begitu. オー ブギトゥー	**訳** あっそうですか。 **単語** begitu…そのような、あのような

❶ 人称代名詞と敬称の使い分け

　人称代名詞には、1人称saya（私）、aku（僕／おれ／あたし）kita/kami（私たち）、3人称dia/ia（彼／彼女）、mereka（彼ら／彼女ら）があります。注意したいのは「私たち」の用法です。kitaは自分と相手を含む包括的な「私たち」、一方kamiは自分たちの集団のみを指す「私たち」です。日常会話で「私たち」といえばkitaが普通です。しかし、もしあなたが自社を代表し他社で「わが社は」と切り出す場合には、kamiと言わなければなりません。つまりkamiは非常にフォーマルな場で用いられる言い方といえます。

　さて2人称は、相手の性別、年齢、婚姻の有無、相互の上下関係によりさまざまです。丁寧に言う場合、男性ならBapak/Pak、Mas、Saudara、Tuan/Mister、女性ならIbu/Bu、Mbak、Saudari、Nyonya、年齢性別に関係なく使えるAndaなどがあります。複数形「あなたたち」はAnda sekalianを除き、語を重ねるか、男女を混ぜたBapak-Bapak dan Ibu-Ibu、Saudara-Saudariがあります。またTuan/MisterやNyonyaは、インドネシア人が外国人を呼ぶ際に使う「あなた」なので、インドネシア人の間ではほとんど使われず、外国人がインドネシア人を呼びかける際に使うと違和感があります。

2人称

	単数形（親しくなると用いる省略形）	複数形
男性	・Bapak (Pak)「あなた」 （既婚者、または独身でも約30歳以上の男性） ・Mas「あなた」（20歳代独身男性） ・Saudara「君」 （年齢、地位が同格、または目下の男性） ・Tuan/Mister「旦那様／あなた」 （外国人男性）	Bapak-Bapak Mas-Mas Saudara-Saudara Tuan-Tuan/Mister-Mister

	単数形（親しくなると用いる省略形）	複数形
女性	・Ibu (Bu)「あなた」 　（既婚者、または独身でも約30歳以上の女性） ・Mbak「あなた」(20歳代独身女性) ・Saudari「君／あなた」 　（年齢、地位が同格ないし目下の女性） ・Nyonya「奥様／あなた」（外国人女性）	Ibu-Ibu Mbak-Mbak Saudari-Saudari Nyonya-Nyonya
共通	・Anda「あなた」 　（性別、年齢、地位などに無関係で使える） ・kamu「君」、「おまえ」 　（同格または目下、親しい間柄の男女）	Anda sekalian kalian/Saudara-Saudara

＊表中の代名詞は名詞としても使われます（例えばbapak父、ibu母、mas兄、mbak姉、saudara兄弟姉妹、tuan主人、nyonya夫人）。そこで代名詞として使う場合、名詞と区別するため、文頭だけでなく文中でも語頭を大文字表記にします。なおSaudari、Andaは名詞にはなりませんが、例外的に文中にあっても大文字表記です。

　Andaを使う際には注意が必要です。この語は便利ですが、それ故、状況次第で失礼になりかねません。例えば、最初相手の背景がわからなければAndaを用います。その後自分と同年齢ないし年上、または社会地位が高い人など事情がわかれば、Bapak、Ibuに切り替えるべきです。逆に相手が自分より年下、後輩、社会的地位が低いようなら、Andaと共に丁寧な人称としてMas、Mbak、あるいは親しみを込め名前を呼び捨てにするのが自然です。Andaのままだと冷たい感じがしてしまいます。

　これら2人称代名詞は、Andaとkamu、複数形を除き、名前の前に置くと敬称「〜さん」になります。

Ibu(Bu) Erika　エリカさん　　Bapak(Pak) Kimura　木村さん

　またインドネシア語には英語や日本語のような格変化がなく、人称は構文上どの位置にあるかで意味が異なります。

　sayaを例に取ると、主語の位置にあれば「私は」、名詞の後なら「私の」、目的語の位置なら「私を」に変わります。

Saya cuci sayur.　私は野菜を洗います。
サヤ　チュチ　サユール
Dia membuat kopi saya.　彼女は私のコーヒーを入れます。
ディア　ムンブアッ(ト)　コピ　サヤ
Bapak tahu saya.　あなたは私を知っています。
バパッ(ク)　タウ　サヤ

　さらに人称代名詞のうち、1人称akuがku、2人称kamuがmu、3人称dia/iaがnyaに変形し、先行する名詞や形容詞などにつくことがありますが、意味は同じです。dia/iaはシーン8（P.85）で解説していますので、ほかの2つの例文を見てみましょう。

これは僕のコーヒーです。　Ini kopi aku. ➡ Ini kopiku.
　　　　　　　　　　　　　イニ　コピ　アクー　　イニ　コピクー
これは君のコーヒーです。　Ini kopi kamu. ➡ Ini kopimu.
　　　　　　　　　　　　　イニ　コピ　カムー　　イニ　コピムー

！ ココに注意

　ビジネスパーソンにとって必要な2人称は、単数なら男性に対するBapak（Pak）、Mas、Saudara、女性に対してはIbu（Bu）、Mbak、どちらにも使えるAndaです。相手のことを知っていたり、紹介されていれば相手の性別や立場がわかっているかもしれませんが、知らない方が多いでしょう。その場合はAndaを用いるか、自分の印象でどれかを選んで用いることになります。間違って失礼になると困るので、少し上を行くように使います。ただし日系企業では、社内での呼び方について、すべて名前の後に日本語の「さん」をつけている会社も多いようです。「さん」を使うことで誰をどう呼ぶかという複雑な問題を解決するとともに、インドネシア人にとっては、役員から末端社員にいたるまで、丁寧かつ公平に扱われているという意識が持てるということで、日本的な解決法といえます。勤務先の状況を見て、それに合わせるよう柔軟に使うことを心がけてください。

❷ 命令依頼表現3

　命令依頼表現については、基本的な命令依頼表現をシーン2（P.31-32）、tolongやmohonを用いる丁寧な依頼表現をシーン11
　　　　　　　　　　　トロン　　モホン

（P.116-119）で学びました。ここでは禁止の命令形を紹介します。

　何らかの行為を他者に禁じる場合、動詞の前にjanganを置きます。命令文なので主語はなく、他動詞であればMe動詞のように接頭辞は外れますが、日常会話では接頭辞のないまま使うことも多く、その場合は、そのままjanganを置きます。

・Kamu cuci sayur.　あなたは野菜を洗います。
　➡ <u>Jangan</u> cuci sayur.　野菜を洗うな。

・Anda lupa.　あなたは忘れます。　➡ <u>Jangan</u> lupa.　忘れるな。
・Kalian membuat kopi.　君たちはコーヒーを入れます。
　➡ <u>Jangan</u> buat kopi.　コーヒーを入れるな。

　では、禁止の命令形を柔らかく表現したい場合や上司や顧客など上位の相手に言いたいときには、どうすればよいのでしょうか。これについては2通りあります。

（1）文末に ya を添える（P.32参照）

<u>Jangan</u> lupa <u>ya</u>.　忘れないでね。
　＊相手は自分と同格以下、または親しい相手に限定

（2）tolong や mohon を文頭に置く

　文頭にtolongやmohonを置くと、「どうか〜しないでください」という懇願口調の丁寧かつ礼儀正しい言い方になります。tolongやmohonの用法はシーン11（P.116-119）を参照してください。

どうか行かないでください。
<u>Tolong</u> jangan pergi.　　<u>Mohon</u> jangan pergi.

　なお、mohonは命令依頼表現の1つでありながら、その後に続く他動詞の接頭辞が取れるとは限りません。

Mohon menunggu informasi berikutnya.
どうか次のご案内をお待ちください。 ＊シーン7　P.71

❸ 接続詞１（dan、atau、tetapi）

基本的な接続詞には、以下の３つがあります。

■ dan　そして、〜と〜

Rina mengisi air dispenser dan cuci beras.
リナは浄水器に水を入れ、そしてお米を洗います。

＊mengisi air　水を入れる

Rina cuci beras dan sayur.　リナはお米と野菜を洗います。

■ atau　あるいは、〜か〜

Dia mau membuat kopi atau teh.
彼女はコーヒーかお茶をいれたい。

■ tetapi/tapi　しかし／でも

Kopi ini enak tetapi agak pahit.
このコーヒーは美味しいが、やや苦い。

＊enak　美味しい　　agak　やや　　pahit　苦い

❹ シーン12で使われたフォーマル動詞

　ここではフォーマル動詞になる前の語根の形で３つ、フォーマル動詞に派生された形で１つと、合計４つの動詞があります。このシーンの会話は雇用主である夫人とメイドさんのやりとりですから、フォーマルではなく家庭内の会話です。そこで必要な動詞が接頭辞の取れた語根のまま出てきたり、そうでなかったりと混ざり合った状態になっています。

- cuci ～洗う、洗濯する ➡ mencuci ～洗う、洗濯する
  チュチ　　　　　　　　　　ムンチュチ
  Kamu cuci sayur. あなたは野菜を洗います。
  カム　チュチ　サユール
  ➡ Kamu mencuci sayur. あなたは野菜を洗います。
  　　カムー　ムンチュチ　サユール

- tahu 知っている、わかる ➡ mengetahui ～を知っている
  タウ　　　　　　　　　　　　　　ムングタウイ／ムングタフイ

  ＊P.50参照

- buat つくる、する ➡ membuat ～をつくる、製作する
  ブアッ(ト)　　　　　　　　ムンブアッ(ト)
  Saya buat kopi. 私はコーヒーを入れます。
  サヤ　ブアッ(ト)　コピ
  ➡ Saya membuat kopi. 私はコーヒーを入れます。
  　　サヤ　ムンブアッ(ト)　コピ

- pakai ～を使う、着る ➡ memakai ～を使う、着る
  パケ　　　　　　　　　　　　ムマカイ／ムマケイ
  Nyonya pakai air ini. 奥様はこの水を使います
  ニョニャ　パカイ／パケイ　アイル　イニ
  ➡ Nyonya memakai air ini. 奥様はこの水を使います。
  　　ニョニャ　ムマカイ／ムマケイ　アイル　イニ

> **コラム** ショッピングモール
>
> 　ジャカルタ，スラバヤ、バンドンなどインドネシアの大都市にはショッピングモールが非常に多くあります。首都ジャカルタだけでも170店以上のモールやショッピングプラザがあるといわれています。本書でも岡夫人がパシフィックプレイス（Pasific Place、シーン19）というモールへ向かう話が出てきます。パシフィックプレイスは中央が吹き抜け空間の巨大モールで、欧米系から地元ブランドまで幅広いショップが入っていたり、断食明け大祭のときに食べるお菓子「クエ・ナスタル（kue nastar、シーン15)」などインドネシアのお菓子を取りそろえた高級菓子店も入っています。
>
> 　いつもお土産は「コピ」(kopi、コーヒー）になってしまう方、たまには別の品物をという方、一度のぞかれてみてはいかがでしょうか。

第2章 生活会話

文を作ろう！

次の文をインドネシア語に直してみましょう。

1. このパスタを水道水で茹でちゃダメですよ。

   ヒント
   ▶〜を茹でる…rebus(レブス)　▶パスタ…pasta(パスタ)

2. お茶かコーヒーをいれるときは、この浄水器の水を使いなさい。

3. もうあなたはこの料理の名前がお好み焼きだと言うことを知ったわけです。

   ヒント
   ▶料理…masakan(マサカン)　▶お好み焼き…Okonomiyaki(オコノミヤキ)

4. もうしわけございません。

5. 大丈夫です。

読んでみよう！ ㉔

前ページでつくったインドネシア語を確認し、声に出して読んでみましょう。

1 Jangan rebus pasta ini dengan air keran, ya.
ジャガン　レブス　パスタ　イニ　ドゥガン　アイル　クラン　ヤー

解説 janganの真ん中にあるngaは、ngの後に母音aがつく鼻音の［ガ］です。舌先をどこにもつけず鼻にかけながら一気に「ジャガン」と発音してください。決して「ジャンガン」とならないよう気をつけてください。

---

2 Kalau mau membuat teh atau kopi, pakai air dispenser ini.
カラウ　マウ　ムンブアッ（ト）　テ　アタウ　コピ　パカイ　アイル　ディスペンサー　イニ

解説 dispenserの発音、正確には「ディスペンスル」か「ディスペンセル」ですが、最近は英語の影響で、英語風に読む人が増えています。「ディスペンサー」と発音しても、ジャカルタなど大都市なら問題ありません。

---

3 Sekarang kamu sudah tahu masakan ini namanya Okonomiyaki.
スカラン　カムー　スダ　タウ　マサカン　イニ　ナマニャ　オコノミヤキ

解説 日本料理の「お好み焼き」、ジャカルタではレストランもある人気メニューです。そのまま「オコノミヤキ」と発音しましょう。

---

4 Mohon maaf.
モホン　マアフ

解説 maafには二重母音のaaがあります。「アー」ではなく「アア」と確実に発音してください。

---

5 Tidak apa-apa.
ティダッ（ク）　アパ　アパ

解説 tidakの子音k［カー］は詰まった音です。やや突き放すように「ティダッ」と読み、最後に軽く「ク」とつけます。

[シーン] 13 運転手に翌日の予定を確認する ㉕

岡さんが自宅で専属運転手と翌日の予定を確認しています。

運転手 Mister, nanti malam kita ke bandara untuk jemput anak-anak Mister?

岡 Oh, itu tidak jadi karena rencana berubah. Anak-anak akan datang hari Sabtu tanggal 6 Maret.

運転手 Jam berapa, Mister Oka?

岡 Pesawat akan mendarat jam setengah 5 sore.

運転手 Saya menyiapkan mobil agar bisa berangkat jam setengah 3 siang, Mister. Mungkin dari sini ke bandara makan waktu 2 jam.

運転手: 日曜日子供さんたちをお迎えに空港へ行きますか。
　岡： ああ、計画が変わったのでそれは取りやめです。
　　　3月6日土曜日に来る予定なんです。
運転手: 何時ですか。
　岡： 飛行機は午後4時半に着陸します。
運転手: 午後2時半に出発できるよう車を準備しておきます。会社から空港までの所要時間は2時間でしょう。

主な語句

Mister [ミステル]	あなた（外国人男性に対する表現）
nanti malam [ナンティ マラーム]	今晩、今夜（夜になる前の時点で使う「今晩」。P.140-141参照）
bandara [バンダラ]	空港（bandar…港 + udara…空→空港の略語）
jemput [ジュンプッ(ト)]	～を出迎える
anak-anak [アナッ(ク) アナッ(ク)]	子供たち（anak「子供」を重ねると複数表現）
karena [カルナ]	～なので、なぜならば（P.77参照）
rencana [ルンチャナ]	計画
berubah [ブルウバ]	変わる、変化する、変更する
pesawat [プサワッ(ト)]	飛行機
mobil [モービル]	車、自動車
menyiapkan [ムニアッ(プ)カン]	～を準備する
berangkat [ブランカッ(ト)]	出発する
mungkin [ムンキン]	たぶん、おそらく～だろう

覚えておきたいフレーズ

tidak jadi ティダッ(ク) ジャディ	**訳** ダメになる **単語** tidak…～ない（動詞、形容詞、助動詞の否定） jadi…成立する
dari…ke… makan waktu ダリ ク マカン ワクトゥー	**訳** ～から～へは（どれくらいの）時間がかかる。（所要時間がどれくらいだ） **単語** dari…～から　ke…～へ makan…食べる　waktu…時間

❶ 接続詞２（karena/agar）

接続詞には、2つの異なる文をつないで1つの長文に整理する機能をもつものがあります。

■ karena　〜なので
　Itu tidak jadi.　それはダメになった。
　イトゥー ティダッ(ク) ジャディ
　＋
　karena　〜なので
　カルナ
　＋
　Rencana berubah.　計画は変更した。
　ルンチャナ　ブルウバ
　➡ Itu tidak jadi <u>karena</u> rencana berubah.
　　イトゥー ティダッ(ク) ジャディ　カルナ　ルンチャナ　ブルウバ
　　計画が変わった<u>ので</u>それは取りやめです。

■ agar　〜するように
　アガール
　Saya menyiapkan mobil.　私は自動車を準備します。
　サヤ　ムニアッ(プ)カン　モービル
　＋
　agar　〜するように
　アガール
　＋
　(Saya) bisa berangkat jam setengah 3 siang.
　サヤ　ビサ　ブランカッ(ト)　ジャム　ストゥンガ　ティガ　シアン
　(私は)　午後2時半に出発できます。　　　　＊bisa　できる
　➡ Saya menyiapkan mobil <u>agar</u> bisa berangkat jam setengah 3 siang.
　　サヤ　ムニアッ(プ)カン　モービル　アガール　ビサ　ブランカッ(ト)　ジャム　ストゥンガ　ティガ　シアン
　　午後2時半に<u>出発できるよう</u>車を準備しておきます。

❷ 時刻と時間３

シーン6（P.64-65）で紹介したように、時刻は基本的にjamという語を数字の前に置く形で表します。ここでは、その他の表現を紹介します。

■「〜時半」

時刻を表すjamの後に、「半分、2分の1」を意味するsetengah（P.84）を続け、「〜時に半時間足りない＝〜時半」と表現します。

jam + setengah + 数字

Jam setengah tiga.（Jam 2.30） 2時30分

慣れないとsetengahを上手に使えません。それは日本語の語順の通りにしようとしてしまうからです。必ずsetengahはjamの後、そして数字は、それに30分足した時刻（この場合3）を入れるようにします。

Jam setengah tiga. ○　　**Jam dua setengah.** ×

■「〜時15分」

「〜時半」の表現と同様にシーン8（P.84）で登場した「4分の1」を意味するseperempatを続け、「〜時15分」と表現します。これにシーン6（P.65）で登場したlewat（〜分過ぎ）、kurang（〜分前）を混ぜることで、さまざまな表現ができるようになります。会話ではmenitを省略することも頻繁です。

jam + 数字 + seperempat

Jam tujuh seperempat.（Jam 7.15） 7時15分

jam + 数字 + lewat + seperempat +（menit）.

Jam tujuh lewat seperempat.（Jam 7.15） 7時15分
（直訳：7時15分過ぎ）

jam + 数字 + kurang + seperempat +（menit）.

Jam tujuh kurang seperempat.（Jam 6.45） 6時45分
（直訳：7時15分前）

■「〜時間半」、「半時間＝1/2時間」、「1/4時間」

　シーン6（P.66-67）で時間の量は、「〜時間」が数字＋jam、「〜時間〜分」が数字＋jam＋数字＋menitでした。基本的に同じですが、これにsetengahやseperempatを用いる表現も一般的です。

数字＋setengah＋jam

satu setengah jam　1時間半＝1.5時間
➡ setengah jam　半時間＝0.5時間＝30分
➡ seperempat jam.　1/4時間＝15分

❸ 曜日と年月日

■ 曜日と月名

曜日→hari＋曜日名　　月→bulan＋月名

＊ただし、日常会話ではhari、bulanを省略

曜日		月			
hari Minggu	日曜日	bulan Januari	1月	bulan Agustus	8月
hari Senin	月曜日	bulan Februari	2月	bulan September	9月
hari Selasa	火曜日	bulan Maret	3月	bulan Oktober	10月
hari Rabu	水曜日	bulan April	4月	bulan November	11月
hari Kamis	木曜日	bulan Mei	5月	bulan Desember	12月
hari Jumat	金曜日	bulan Juni	6月		
hari Sabtu	土曜日	bulan Juli	7月		

＊「〜月」という表現として「bulan＋数字」もよく使われるがインフォーマル
　bulan lima　5月

■ 日付と年号

日付→tanggal＋数字

Tanggal 10　10日です。

|年号→tahun＋数字|

　Tahun　2016　2016年です。
　Tahun　1995　1995年です。

1995年のように、19 と 95 を分ける言い方もあります。

■ 曜日、年月日の関連語句と疑問文

曜日や年月日に関連する語句を覚えて使えるようにしましょう。

- hari ini　今日
- kemarin dulu　一昨日
- besok lusa/lusa　明後日

- kemarin　昨日
- besok　明日
- minggu ini　今週

＊大文字で始まる「Minggu」は日曜日、ここでは「週」の意味

- minggu (yang) lalu　先週　　　＊yang lalu/laluは「～前」
- minggu depan　来週

＊depanは「前」だが、前進しているという意味で「来週」になる

- bulan ini　今月
- bulan depan　来月
- tahun (yang) lalu　昨年

- bulan (yang) lalu　先月
- tahun ini　今年
- tahun depan　来年

|「～前/～後」→数字＋hari/minggu/bulan/tahun＋(yang) lalu/kemudian|

- seminggu kemudian　1週間後　　　　　　　　　＊satu→se
- tiga hari (yang) lalu　3日前
- delapan bulan kemudian　8か月後
- lima belas tahun kemudian　15年後
- setengah tahun yang lalu　半年前

＊setengah、seperempatも使える

では、これらの語句を用いて疑問文と回答文を作ります。疑問詞はberapaとapaです。

| hari + apa　何曜日 | bulan + apa　何月 |

- Hari ini hari apa ?　今日は何曜日ですか。
  - Hari ini hari Kamis.　今日は木曜日です。
- Bulan depan bulan apa ?　来月は何月ですか。
  - Bulan depan bulan Mei.　来月は5月です。

| tanggal + berapa　何日 | tahun + berapa　何年 |

- Besok lusa tanggal berapa ?　明後日は何日ですか。
  - Besok lusa tanggal 4.　明後日は4日です。
- Tahun lalu tahun berapa ?　昨年は何年ですか。
  - Tahun lalu tahun 2015.　昨年は2015年です。

| 数量表現　berapa + hari/minggu/bulan/tahun |

- Akira ada di Jakarta berapa minggu ?
  晃はジャカルタに何週間いますか。
  - Akira ada di Jakarta seminggu.
    晃はジャカルタに1週間います。

❹ nantiとtadiの用法

　日常会話で使われる副詞として、nanti、tadiというあいまいに未来や過去を表す表現があります。時間幅は30分程度から数時間にいたるなど不明瞭ですが、翌日、前日には及ばない程度です。日本語なら前者は「後で、後ほど」、後者は「さっき、先ほど」に該当します。

<u>Nanti</u> saya menyiapkan mobil.　<u>あとで</u>車を用意しておきます。

　そして、これらの語にpagi、siang、sore、malamをつけると別の言い回しになります。

140

	過去	現在	未来
朝	tadi pagi　今朝 タディ　パギ	pagi ini　今朝 パギ　イニ	besok pagi*　明日の朝 ベソッ(ク)　パギ
昼	tadi siang　今日の昼 タディ　シアン	siang ini　今日の昼 シアン　イニ	nanti siang　今日の昼 ナンティ　シアン
夕	tadi sore　今日の夕方 タディ　ソレ	sore ini　今日の夕方 ソレ　イニ	nanti sore　今日の夕方 ナンティ　ソレ
夜	tadi malam タディ　マラーム 　　　　昨晩、昨夜**	malam ini　今晩、今夜 マラーム　イニ	nanti malam　今晩、今夜 ナンティ　マラーム

＊　nanti pagi とは言わず、この場合 besok pagi「明日の朝」になる。
＊＊「昨晩、昨夜」は、kemarin malam でもよい。

❺ シーン13で使われたフォーマル動詞

・jemput　～を出迎える、迎えに行く
　➡ menjemput　～を出迎える、迎えに行く
　Kita jemput anak-anak di bandara.
　私たちは子供たちを空港で出迎えます。

　➡ Kita menjemput anak-anak di bandara.
　　私たちは子供たちを空港で出迎えます。

・ubah　変わる、変える
　➡ mengubah　～を変える、変更する
　Saya mengubah rencana.　私は計画を変更します。
　➡ berubah　変わる、変化する、変更する
　Rencana saya berubah.　私の計画は変わった。

・datang　来る
　Anak saya datang ke kantor.　私の子供は会社へ来ます。
　➡ mendatangi　～を訪れる、訪問する
　Anak saya mendatangi kantor.
　私の子供は会社を訪問します。

141

- darat 陸地、陸
  - ⇒ <u>men</u>darat 上陸する、着陸する
  - ⇒ <u>men</u>darat<u>i</u> 〜に上陸する、着陸する

  Pesawat tadi <u>men</u>darat di bandara Haneda.
  さっきの飛行機は羽田空港に着陸した。

  Pesawat tadi <u>men</u>darat<u>i</u> bandara Haneda.
  さっきの飛行機は羽田空港に着陸した。

- siap 用意が出来ている
  - ⇒ <u>meny</u>iap<u>kan</u> 〜を用意する   ＊P.78参照

- angkat 持ち上げる
  Kita angkat gelas. 私たちはグラスを持ち上げます。

  ＊gelas グラス

  - ⇒ <u>meng</u>angkat 持ち上げる、登用する、除去する
  Presiden <u>meng</u>angkat 2 orang duta besar.
  大統領は大使を2名任命する。

  ＊duta besar 大使

- berangkat 出発する
  Saya berangkat. 私は出発します。
  - ⇒ <u>mem</u>berangkat<u>kan</u> 〜を出発させる
  Masinis <u>mem</u>berangkat<u>kan</u> kereta.
  運転士は列車を出発させます。

  ＊masinis 運転士　kereta 列車、電車

　このシーンもフォーマル動詞やそうでない形の動詞が混ざっています。jemputやdatangは意味が変わらず語根のままです。これらの語はMe動詞やMe-i動詞になるとフォーマルになります。

　mendaratは語根が名詞なので接辞がついてMe動詞、Me-i動詞になります。

　ubahはもともとberubahと同じ「変わる」ですが、Me動詞の

mengubah（〜を変える）という他動詞にもなります。日常的にubahが使われる場合、「〜を変える」という意味で使われることが多く、「変わる」と言いたい場合はberubahを用います。

　berangkatは語根動詞ですが、接辞がつくことでMe-kan動詞にも派生可能な語です。それぞれ意味が変わるので、使い分けが必要です。menyiapkanはP.78を参照してください。

文を作ろう！

次の文をインドネシア語に直してみましょう。

1 飛行機は何時に着陸しますか。

2 遅れたので午後1時半です。

ヒント
▶遅れる…terlambat

3 彼の誕生日はいつですか。

ヒント
▶誕生日…hari ulang tahun

4 2005年4月7日です。

ヒント
▶年月日は、インドネシア語だと、逆転します。

5 昨晩、空港で食事をした。

読んでみよう！ ㉖

前ページでつくったインドネシア語を確認し、声に出して読んでみましょう。

1 Pesawat akan mendarat jam berapa?
プサワッ(ト)　アカン　ムンダラッ(ト)　ジャム　ブラパ

解説 疑問文です。文末上がり調子で読みましょう。

---

2 Jam setengah 2 siang karena terlambat.
ジャム　ストゥンガ　ドゥア　シアン　カルナ　トゥルランバッ(ト)

解説 setengah、karena、terlambatの母音e［エー］は曖昧音の「ウ」です。

---

3 Kapan hari ulang tahun dia?
カパン　ハリ　ウラン　タフン　ディア

解説 tahunは「タフン」と「タウン」の2通りの読み方があります。

---

4 Tanggal 7（bulan）April（tahun） 2005.
タンガル　トゥジュ　ブラン　アプリル　タフン　ドゥア リブー リマ

解説 日常会話ではbulan、tahunはよく省略されます。

---

5 Tadi malam saya makan di bandara.
タディ　マラーム　サヤ　マカン　ディ　バンダラ

解説 malamの子音lとbandaraの子音r、違いに気をつけましょう。

[シーン] 14 ショッピングモールで買い物 ㉗

岡夫人は服を探すため店員と話しています。

岡夫人 Baju ini kebesaran, Mbak. Ada yang lebih kecil ?
バジュ イニ クブサラン ンバッ(ク) アダ ヤン ルビ クチル

店員 Yang ini ukurannya lebih kecil, Nyonya.
ヤン イニ ウクーランニャ ルビ クチル ニョニャ

岡夫人 Ukurannya cocok tapi harganya kemahalan.
ウクーランニャ チョチョッ(ク) タピ ハルガニャ クマハラン

店員 Kalau begitu, yang di sebelah kanan itu bagaimana ?
カラウ ブギトゥー ヤン ディ スブラ カナン イトゥー バガイマナ

岡夫人 Yang itu harganya cocok tetapi ada warna lain ?
ヤン イトゥー ハルガニャ チョチョッ(ク) トゥタピ アダ ワルナ ライン

店員 Nyonya tidak suka warna kuning ya ?
ニョニャ ティダッ(ク) スカ ワルナ クニン ヤー

奥夫人: この服、大きすぎるわ。もう少し小さいのあるかしら。
店員: これがもう少し小さいサイズです。
奥夫人: サイズはちょうどだけど、お値段が高すぎるわ。
店員: ではあの右側のはどうでしょう。
奥夫人: あれはお値段はちょうどいいけれど、ほかの色はありますか。
店員: 黄色はお好きではないんですね。

主な語句

kebesaran [クブサラン]	大きすぎる
baju [バジュ]	服
lebih [ルビ]	〜より、〜以上
kecil [クチル]	小さい
yang ini [ヤン イニ]	これが、こちらのが
ukurannya [ウクーランニャ]	サイズ（ukuranと同じ意味だがnyaがつくと「その」程度の意味がある。P.84-87参照）
cocok [チョチョッ(ク)]	合う、適合する、ちょうどよい
tapi [タピ]	けど、けれど（tetapi「しかし」の省略形）
harganya [ハルガニャ]	値段が
kemahalan [クマハラン]	高すぎる、あまりに高価な
yang itu [ヤン イトゥー]	あれは、あちらのは
sebelah [スブラ]	〜側、脇
kanan [カナン]	右
bagaimana [バガイマナ／バゲイマナ]	どのように

覚えておきたいフレーズ

Ada warna lain ? アダ　ワルナ　ライン	**訳** ほかの色はありますか。 **単語** ada…ある、いる　　warna…色 　　lain…ほかの
Nyonya tidak suka warna ニョニャ ティダッ(ク) スカ　ワルナ kuning. クニン	**訳** 奥様は黄色が嫌いです。 **単語** Nyonya…奥様　　tidak…〜ない 　　suka…好き 　　tidak suka…好きでない＝嫌いだ 　　kuning…黄色い

❶ adaの使い方

■ 主語 + ada di + A

adaは、「Aに〜がいる、ある」という意味の語根動詞です。

Beberapa orang ada di toko.　何人かは店にいます。
＊beberapa いくつかの　　orang 人　　toko 店

Baju ada di rumah.　服は家にあります。　　　　＊rumah 家

しかしadaがほかの動詞と違う点は、動詞の位置が主語の後とは限らず前にも置くことができるということです。意味はどれも同じですが、何を強調したいかによって変化します。

- Ada beberapa orang di toko.
  Di toko ada beberapa orang.
- Ada baju di rumah.
  Di rumah ada baju.

■ 人称代名詞 + ada + 目的語

また、日常会話においてadaは「誰々は〜を持つ」という意味として使われます。ただし、よりフォーマルな場や書き言葉の場合は、adaよりもフォーマルな動詞であるmempunyai（〜を所有する、所持する、保有する）の方が合うでしょう（P.59）。

また、このような場合adaは必ず主語の後に置かれ動きません。

Saya ada banyak uang.　　　　＊banyak たくさんの　　uang お金
私にはたくさんのお金があります（お金を持っています）

Kami mempunyai banyak surat saham.
われわれはたくさんの株券を保有している。　　＊surat saham 株券

147

❷ 接辞ke-an 1(一定レベルを著しく超える)

　形容詞(語根)の前後に接頭辞keと接尾辞anがつくと、「~すぎる」という意味の自動詞を派生します。ただし、全ての形容詞が同様に変化するわけではありません。また、「~すぎる」となる語でも、同時に別の意味を持つ品詞に変化することもあるので、まずは本書で紹介する例を覚え、使えるようにしましょう。

- besar 大きい ➡ kebesaran 大きすぎる、偉大さ／栄光(名詞)
  ブサール　　　　　クブサラン
- mahal 高い、高価な
  マハール
  ➡ kemahalan 高すぎる、あまりに高価である
  　クマハラン
- manis 甘い ➡ kemanisan 甘すぎる、甘み(名詞)、親切(名詞)
  マニス　　　　　クマニサン
- kecil 小さい ➡ kekecilan 小さすぎる
  クチル　　　　　ククチラン
- murah 安い
  ムラ
  ➡ kemurahan 安すぎる、格安な(形容詞)、親切／寛容(名詞)
  　クムラハン
- pedas 辛い ➡ kepedasan 辛すぎる、皮肉(名詞)
  プダス　　　　　クプダサン

❸ 関係代名詞yang 2

　関係代名詞のyangはシーン11(P.115)でも出てきましたが、ここでは当事者同士が何について話しているのかがわかっている場合に、会話に出てきた名詞を繰り返さず代わりに用いる表現を紹介します。日本語なら「あの右の服とこの左の服、どちらを選びますか」という質問に対し、しばしば「服」を繰り返さずに、「右のにします」と答えたりしますね。このときの「の」に相当するのがyangです。

　なお、yangを用いて日本語の「~の(こと)」を表す場合、具体的な物や人に比べ対象が抽象的なため、文が受動態文になるなど複雑化します。これについてはシーン15(P.155-157)で解説します。

|yang =～の（もの）、～の（人）、～の（こと）|

- Baju ini kebesaran. Ada yang lebih kecil？
  この服は大きすぎるわ。もう少し小さいのあるかしら？

- Rekan kerja saya sedang menonton film.
  私の同僚は映画をみています。

   ＊rekan kerja　同僚　sedang　～している　menonton　（映画／テレビ）を見る

   film　映画

  Yang sedang menonton film rekan kerja Anda.
  映画をみているのはあなたの同僚です。

❹ 前置詞2

　シーン1（P.20-21）で紹介した前置詞以外にも、次の語がよく使われます。各シーンのダイアログや例文に出ているものを含め、以下にまとめます。

- kepada　～に（人／組織に対し）
  ➡ kepada direksi　役員に　　　　　　　　　　＊P.27参照
- pada 1　～に（時を表す語の前）
  ➡ pada jam 5 sore.　午後5時に
- pada 2　～に（特定の人や物の前）
  ➡ Aku cinta padamu.　僕は君を愛している。

   ＊padamu（pada + kamu）　君を、君に

- untuk　～（の）ために
  ➡ untuk kemajuan　発展のために　　　　　　　＊P.42参照
  ➡ untuk bertanya　質問するため　　　　　　　＊P.102参照
- bagi　～にとって ➡ bagi kita　われわれにとって
- seperti　～のように／な
  ➡ seperti kakak saya　私の兄（姉）のように

149

- sebagai　～として
  ➡ <u>sebagai</u> Kahumas.　広報部長<u>として</u>　　＊P.18参照
- tanpa　～なしで ➡ <u>tanpa</u> pajak　税抜き<u>で</u>　　＊P.166参照
- kecuali　～を除いて ➡ <u>kecuali</u> hari Senin　月曜日<u>以外</u>
- tentang/akan　～について

  ＊akanには助動詞「～だろう」という意味もある　P.193参照

  ➡ <u>tentang</u> dia　彼女<u>について</u>　　＊P.35参照
- atas　～に対し／関して

  ➡ terima kasih <u>atas</u> penjelasannya
  　～<u>について</u>説明ありがとうございます　　＊P.45参照
- sampai　～まで ➡ <u>sampai</u> di rumah　家<u>に</u>着く　　＊P.120参照
- sejak　～以降 ➡ <u>sejak</u> bulan Mei　5月<u>以降</u>
- selama　～の間 ➡ <u>selama</u> musim Panas　夏<u>の間</u>
- melalui　～を通じて ➡ <u>melalui</u> kantor　会社<u>を通じて</u>
- menurut　～によると

  ➡ <u>Menurut</u> Pak Oka　岡さん<u>によると</u>　　＊P.101参照

❺ シーン14で使われたフォーマル動詞

- suka　喜び、幸せ、好む、魅力のある、楽しい、よく～する

  Saya <u>suka</u> (kepada) Anda.　私はあなたが好きです。

  ＊kepada　～を、に（短い文では省略される）

  ➡ <u>menyukai</u>　～を好む

  Saya <u>menyukai</u> Anda.　私はあなたを好きです。

　実は、このシーン14にフォーマル動詞はありません。しかし、本来動詞、形容詞、名詞、助動詞になるとともに日常的に何かを「好き」というsukaが、Me-i動詞（P.55-57参照）になると、完全な他動詞に派生され、同じ「好き」でもよりフォーマルな言い方になります。

文を作ろう！

次の文をインドネシア語に直してみましょう。

1 あの机は、この部屋には小さすぎます。

ヒント
▶あの机…meja itu　▶この部屋には…untuk kamar ini

2 もう少し安いのはありますか。

3 あの左側の机はどうですか。

ヒント
▶左…kiri

4 あちらのは値段は安いのですが、サイズが大きすぎます。

5 部屋には2人の子供がいます。

ヒント
▶部屋…kamar　▶2人…dua orang　▶子供…anak

読んでみよう！ ㉘

前ページでつくったインドネシア語を確認し、声に出して読んでみましょう。

1 Meja itu kekecilan untuk kamar ini.
メジャ イトゥー ククチラン ウントゥッ(ク) カマール イニ

解説 kekecilanの母音eは曖昧音の「ウ」です。「ケケチラン」ではなく、「ククチラン」と発音しましょう。

---

2 Ada yang lebih murah ?
アダ ヤン ルビ ムラ

解説 murahの最後の子音hは発音しないので、「ムラハー」ではなく「ムラ」となります。

---

3 Meja yang di sebelah kiri itu bagaimana ?
メジャ ヤン ディ スブラ キリ イトゥー バガイマナ

解説 bagaimanaは二重母音aiを含むので「バガイマナ」、「バゲイマナ」と2つの発音があります。どちらを使っても問題ありません。ただし、ネイティブの会話スピードだと「バゲイマナ」になり、慣れないとほとんど「バゲマナ」と聞こえます。

---

4 Yang itu harganya murah tapi ukurannya kebesaran.
ヤン イトゥー ハルガニャ ムラ タピ ウクーランニャ
クブサラン

解説 ukurannyaのu、母音です。やや唇を丸めて「ウー」と発音しましょう。

---

5 Di kamar ada dua orang anak.
ディ カマール アダ ドゥア オラン アナッ(ク)

解説 anakの最後の子音kは詰まった音です。やや突き放すように「アナッ」と読み、最後に軽く「ク」とつけてみましょう。

[シーン] 15 食品売り場で買い物 ㉙

岡夫人はスーパーで食品売り場の店員と話をしています。

岡夫人: Permisi, saya mau beli kue nastar.
プルミシ　サヤ　マウ　ブリ　クエ　ナスタル
Di sebelah mana ya, Mbak?
ディ　スブラ　マナ　ヤー　ンバッ(ク)

店員: Di sebelah kiri minuman, Nyonya. Mari saya
ディ　スブラ　キリ　ミヌマン　ニョニャ　マリ　サヤ
antar Nyonya ke sana.
アンタール　ニョニャ　ク　サナ

岡夫人: Terima kasih, Mbak.
トゥリマ　カシ　ンバッ(ク)
Saya mau titip kue itu sama teman yang akan
サヤ　マウ　ティティッ(プ)　クエ　イトゥー　サマ　トゥマン　ヤン　アカン
dipekerjakan oleh kantor ke Jepang.
ディプクルジャカン　オレ　カントール　ク　ジュパン

店員: Wah, ide yang bagus. Kue nastar dibuat staf
ワー　イデ　ヤン　バグース　クエ　ナスタル　ディブアッ(ト)　スタッフ
kami dan disukai banyak orang.
カミ　ダン　デイスカイ　バニャッ(ク)　オラン

岡夫人: すみません、クエ・ナスタルを買いたいのですが。どちら側かしら。
店員: 飲み物の左側です。さあ、あちらまで奥様をご案内いたしましょう。
岡夫人: ありがとう。お菓子を日本へ赴任する予定の友人に持って行ってもらうつもりなの。
店員: 素晴らしいお考えです。クエ・ナスタルは私どものスタッフがつくっておりまして、皆様にご愛顧いただいております。

主な語句

beli [ブリ]	〜を買う
kue nastar [クエ ナスタル]	クエ・ナスタル（主に断食明け大祭レバランのときに食卓に並ぶパイナップルを使ったお菓子の名称）
minuman [ミヌマン]	飲み物
mari [マリ]	さあ〜しましょう
antar [アンタール]	〜を案内する
sana [サナ]	あちら
titip…sama… [ティティッ(プ) サマ]	〜に〜を預ける（フォーマルな場合はsamaではなくkepada）
teman [トゥマン]	友人
ide [イデ]	アイデア、発想、思いつき、考え
ide yang bagus [イデ ヤン バグース]	素晴らしい考え（ideを修飾するbagusがyangを介して強調されている。P.115-116参照）

覚えておきたいフレーズ

Di sebelah mana....?
ディ スブラ マナ

訳 どちら側ですか。
単語 sebelah…〜側、脇、横、隣
mana…どこ、どれ

Di sebelah kiri 〜.
ディ スブラ キリ

訳 〜の左側です。
単語 kiri…左

ワンポイント

mari（さあ〜しましょう）はシーン11（P.116-117）で紹介したtolongと同じく依頼表現の1つです。しかしtolongと異なり、「さあ一緒に〜しましょう」と相手に何らかの共同行動を促す表現です。動詞の前に置きます。mariの後にkitaをつけたmari kitaという言い方もありますが、意味は同じです。

Mari (kita) makan di sini.　さあここで食べましょう。

❶ 受動態文2（3人称）

シーン10（P.105-107）では、受動態文に共通する4つの特徴、主語が1〜2人称の能動態文を受動態文に換える際のポイントを解説しました。ここでは主語が3人称のときの受動態文をつくってみます。

この受動態文では、態が変わる際に接辞diが動詞につきますが、その前についていた各種接辞が取れることや、Me-kan動詞、Me-i動詞、Memper動詞のように一部の接辞が取れないまま残るといった特徴は1〜2人称のときと同じです。なお前置詞oleh「〜によって」は英語のbyのような語で、簡単な日常会話ではよく省かれます。

能動態文　主語＋動詞＋目的語
↓
受動態文　目的語＋接辞di＋動詞の原形（語根）＋(oleh) 主語

＊否定詞・助動詞がある文
能動態文　主語＋否定詞／助動詞＋動詞＋目的語
↓
受動態文
目的語＋否定詞／助動詞＋接辞di＋動詞の原形（語根）＋(oleh) 主語

Me動詞　・membuat　〜をつくる、製作する
Staf kami membuat kue nastar.
私どものスタッフはクエ・ナスタルをつくっております。

＊staf　スタッフ、職員

➡ dibuat　〜はつくられる、製作される
Kue nastar dibuat oleh staf kami.
クエ・ナスタルは私どものスタッフによって製作されています。
（〜がつくっております）

155

Me-i動詞 ・menyukai　〜を好む、気にいる、大事にする、愛する、かわいがる

Banyak orang menyukai kue nastar.
皆様がクエ・ナスタルを気に入っている。

＊banyak orang　多くの人＝皆様

➡ disukai　〜に気に入られる、好まれる、愛される
Kue nastar disukai banyak orang.
クエ・ナスタルは皆様にご愛顧いただいております。

Me-kan動詞 ・menyiapkan　〜を準備する、用意する　＊P.78参照
Mereka sedang menyiapkan penerbangan pengganti.
現在、彼らは代替便を準備中です。

➡ disiapkan　〜は準備される、用意される
Penerbangan pengganti sedang disiapkan mereka.
現在、代替便は彼らによって用意されています。
（〜が準備しています）

Memper動詞1 ・memperbanyak　〜を増やす、増大させる

＊P.106参照

KM akan memperbanyak pelatihan.
KM社は研修を増やす予定です。　＊KM　社名の略称（P.103参照）

➡ diperbanyak　〜は増やされる、増加される
Pelatihan akan diperbanyak oleh KM.
研修はKM社によって増やされる予定です。（〜が増やす予定です）

Memper動詞2 ・mempelajari　〜を研究する、検討する

＊P.107参照

Dia mempelajari hal itu.　彼女はそれについて検討します。
➡ dipelajari　〜は研究される、検討される
Hal itu dipelajari dia.
そのことは彼女によって検討されます。（〜が検討します）

ただしdiaについては、接辞nyaに変化し、先行する動詞や前置詞olehにつくことができます。日常会話は表現を短くする傾向が強く、この種のnyaもよく耳にします。nyaの用法はシーン8（P.84-87）を参照してください。

Hal itu dipelajari dia. ➡ Hal itu dipelajari<u>nya</u>.
➡ Hal itu dipelajari <u>olehnya</u>.

Memper動詞3

・<u>memperhatikan</u>　〜に注意する、を考慮する　＊P.105参照
Pemerintah tidak <u>memperhatikan</u> kondisi daerah.

＊pemerintah　政府

政府は地域の状況を考慮しません。

➡ <u>diperhatikan</u>　〜は注意される、考慮される
Kondisi daerah tidak <u>diperhatikan</u> oleh pemerintah.
地域の状況は政府によって考慮されません。

❷ 関係代名詞 yang 3（yang＋受動態文）

シーン11（P.115）でyangは複雑な文を整理する機能をもっていることを学びました。それと関連し、yangを用いた文において先行する語が目的語である場合、yang以下は受動態になります。

文3のinvestasiは、文2の目的語investasiです。なお能動態主語が1〜2人称の文の場合も同様です。文2の主語がAndaと仮定し、文4をみてください。

文1　主部＋述部

<u>Investasi itu</u> <u>sangat penting</u>.　あの投資は非常に重要だ。

文2 主語＋動詞＋目的語

Dewi menangani investasi itu.
デウィはあの投資を担当している。

文3 主部（名詞＋yang＋di動詞i＋(oleh)主語＋指示代名詞）＋述部

Investasi yang ditangani (oleh) Dewi itu sangat penting.
あのデウィが担当している投資は非常に重要だ。

文4 主部（名詞＋yang＋主語＋動詞i＋指示代名詞）＋述部

Investasi yang Anda tangani itu sangat penting.
あなたが担当している投資は非常に重要だ。

なお、文法的に正しくはないが、実際の会話では文3の変形として、次のような言い方もよく耳にします。

文5 Investasi yang Dewi tangani itu sangat penting.
あのデウィが担当している投資は非常に重要だ。

ダイアログには、次のような文がありました。

文6 主語＋助動詞＋動詞＋目的語1＋前置詞＋

目的語2＋yang＋3人称受動態文

Saya mau titip kue itu sama teman yang akan dipekerjakan oleh kantor ke Jepang.
お菓子を日本へ赴任する予定の友人に持って行ってもらうつもりです。

　文6は目的語が2つあるため、やや複雑な印象を受けますが、重要なのは目的語2のteman（友人）です。これが先行した結果ダイアログの文は、yang以下が能動態から受動態に変わっているのです。この文も、以下2つの文がyangを介し1つになったものです。

文7 主語＋助動詞＋動詞＋目的語1＋前置詞＋目的語2

<u>Saya</u> mau <u>titip</u> <u>kue itu</u> sama <u>teman</u>.
私は友人にお菓子を持って行ってもらうつもりです。

文8 目的語2＋助動詞＋接辞dipe＋動詞の原形kan＋

(oleh) 主語＋ke Jepang

<u>Teman</u> akan <u>dipekerjakan</u> oleh <u>kantor</u> ke Jepang.
友人は会社により日本へ赴任させられる予定です。

この文は、本来能動態であれば次のようになります。

文9 主語＋助動詞＋動詞＋目的語2＋ke Jepang

<u>Kantor</u> akan <u>mempekerjakan</u> <u>teman</u> ke Jepang.
会社は友人を日本へ赴任させる予定です。

❸ シーン15で使われたフォーマル動詞

・beli　買う
　⇒ <u>membeli</u>　買う、購入する
　⇒ <u>membelikan</u>　〜のために買う、買ってやる
　Saya <u>beli</u> kue nastar.　私はクエ・ナスタルを買う。
　⇒ Saya <u>membeli</u> kue nastar.
　　私はクエ・ナスタルを買う。
　⇒ Saya <u>membelikan</u> Reiko kue nastar.
　　私は礼子にクエ・ナスタルを買ってあげる。

159

・antar　〜を案内する、届ける、連れて行く
　➡ mengantar/mengantarkan
　　〜を案内する、届ける、連れて行く

Saya antar Nyonya ke sana.
私があちらまで奥様をご案内いたします。

　➡ Saya mengantar/mengantarkan Nyonya ke sana.
　　私があちらまで奥様をご案内いたします。

・titip　〜を預ける、委ねる
　➡ menitip/menitipkan　〜を預ける、委ねる
Saya mau titip kue itu.　私はそのお菓子を託すつもりです。
　➡ Saya mau menitip/menitipkan kue itu.
　　私はそのお菓子を託すつもりです。

　beli、antar、titip、いずれもMe動詞の語根ですが、日常会話では語根のままで用います。Me動詞やMe-kan動詞になると意味は同じでもフォーマル性が高まります。また、beliから派生したmembelikanのみ、「〜してあげる、〜のために〜する」というように語根の意味と少し異なっています。これについてはシーン7（P.74）を参照してください。

文を作ろう！

次の文をインドネシア語に直してみましょう。

1 すみません、食パンを買いたいのですが。

ヒント
▶食パン…roti tawar
　　　　　ロティ　タワール

---

2 さあ、あなたをデウイの家に案内しましょう。

ヒント
▶デウイの家…rumah Dewi
　　　　　　　ルマ　　デウイ

---

3 私たちの便は、突然「プルチャヤエアー」によって欠航とされた。

ヒント
▶能動態のときの主語が「プルチャヤエアー」です。シーン7（P.71）をヒントに3人称の受動態文をつくります。

---

4 祖父は私がつくるお菓子を楽しんでいる。

ヒント
▶祖父…kakek　▶~を楽しむ…menikmati
　　　　カケッ(ク)　　　　　　　ムニクマティ
▶yang +1人称受動態文にします。　▶~を作る…buat/membuat
　ヤン　　　　　　　　　　　　　　　　　　　　　ブアッ(ト)　ムンブアッ(ト)

---

5 彼は私の隣に立っています。

ヒント
▶立つ…berdiri
　　　　　ブルディリ

読んでみよう！ ㉚

前ページでつくったインドネシア語を確認し、声に出して読んでみましょう。

1 Permisi, saya mau beli roti tawar.
プルミシ　サヤ　マウ　ブリ　ロティ　タワール

解説 beliの子音l［エル］は、舌先を歯ぐきに押し当てて「リ」と発音してください。

---

2 Mari saya antar Anda ke rumah Dewi.
マリ　サヤ　アンタール　アンダ　ク　ルマ　デウィ

解説 mari、antar、rumahに含まれる子音r［エル］は、舌先をどこにも触れさせず震わせる巻き舌の「エル」です。

---

3 Penerbangan kami tiba-tiba dibatalkan oleh Percaya Air.
プヌルバガン　カミ　ティバ　ティバ　ディバタールカン　オレ
プルチャヤ　エアー

解説 Percaya AirのAirは英語です。インドネシア語と全く同じスペルのair［アイル］（水）とは違うので、その部分のみ英語読みするようにしましょう。

---

4 Kakek menikmati kue yang saya buat.
カケッ(ク)　ムニクマティ　クエ　ヤン　サヤ　ブアッ(ト)

解説 yangのngは母音がつかない鼻音の［ガ］、普通に「ン」と発音してみましょう。

---

5 Ia berdiri di sebelah saya.
イア　ブルディリ　ディ　スブラ　サヤ

解説 berdiri、sebelahの母音e［エー］は曖昧音の「ウ」です。「ベルディリ」や「スベラ」とは発音しないように注意しましょう。

[シーン] 16 友人とレストランで食事 ㉛

岡夫人はメニューを見ながら注文をしています。

店員: Selamat siang Nyonya, mau memesan apa ?

岡夫人: Yang mana lebih enak, masakan di foto atau "Today's Special" ?

店員: "Today's Special" karena masakan udang ini hanya untuk hari ini saja. Bahkan ini termasuk dessert dan kopi.

岡夫人: Tetapi ini tidak pedas, Mbak ?

店員: Jangan khawatir, Nyonya. Masakan ini tidak terlalu pedas.

店員: こんにちは、ご注文は何でしょうか。
岡夫人: この写真のお料理と、「トゥデイズ スペシャル」と、どちらのほうがおいしいんですか。
店員: この海老料理は本日限定ですので、「トゥデイズ スペシャル」がおすすめです。そのうえデザートとコーヒーも含まれております。
岡夫人: でも、これは辛くないですか。
店員: ご心配ありません。このお料理はあまり辛くないのです。

163

主な語句

mau [マウ]	〜したい、〜するつもりだ
memesan [ムムサン]	〜を予約する、注文する、伝言する
lebih [ルビ]	より〜、もっと〜、〜以上の
enak [エナッ(ク)]	おいしい、気持ちがよい
masakan [マサカン]	料理
foto [フォト]	写真
karena [カルナ]	なので
udang [ウダン]	海老
bahkan [バーカン]	それどころか、そのうえ
termasuk [トゥルマスッ(ク)]	含まれている、〜込みの
dessert [デイサート]	デザート
kopi [コピ]	コーヒー
tidak pedas？ [ティダッ(ク) プダス]	辛くはないですか（pedas…辛い）
terlalu [トゥルラルー]	〜すぎる（tidak terlalu…あまり〜ではない）

覚えておきたいフレーズ

Jangan khawatir
ジャガン ハワティール／カワティール

訳 ご心配ありません。
単語 jangan…〜するな（シーン12　P.128-130参照）
khawatir…〜を心配する

---

hanya untuk hari ini saja
ハニャ ウントゥッ(ク) ハリ イニ サジャ

訳 本日限定です（＝本日のためだけです）。
単語 hanya…〜のみ　　saja…〜だけ
untuk…〜のため　　hari ini…本日、今日

❶「AとBのどちらのほうが、より〜ですか」

「AとBのどちらの方が、より〜ですか」という構文は、「yang mana lebih＋形容詞 A atau B ?」が使えます。lebihの後に表現したい形容詞、そして、選ぶ対象両者を含むA atau B（AないしB）を、それぞれ置きます。

この構文、実はシーン7（P.75-77）で紹介した疑問詞の1つyang mana（どちら）、シーン5（P.58-59）の比較構文、A + lebih + 形容詞／副詞 + daripada + B（AはBより〜だ）であらわれたlebih（〜より／以上の）という2つから形成されており、それにシーン14（P.148-149）で解説したyang ini（こちらの〜）というニュアンスを含んだものです。改めてそれぞれの用法を確認しながら見てみましょう。

yang mana lebih＋形容詞＋A atau B ?

・<u>Yang mana lebih</u> enak, masakan di foto <u>atau</u> "Today's Special" ?
この写真のお料理と、「トゥデイズ　スペシャル」と、どちらのほうがおいしいんですか。

・<u>Yang mana lebih</u> hebat, pabrik Bapak <u>atau</u> pabrik saya ?
あなたの工場と、私の工場と、どちらの方がすごいんですか。

＊hebat　すごい

・<u>Yang mana lebih</u> rumit, peraturan baru <u>atau</u> peraturan lama ?
新しい規則と、古い規則と、どちらの方が複雑なんですか。

＊rumit　複雑な

・<u>Yang mana lebih</u> kecil, baju ini <u>atau</u> baju itu ?
この服と、あの服と、どちらの方が小さいですか。　＊kecil　小さい

❷ 接辞ter（Ter動詞、Ter形容詞、Ter副詞）

　接辞terは特定の語根（動詞、名詞、形容詞、副詞など）について、動詞、形容詞、副詞を派生させます。これら派生語をその性質から分類すると、「最上級的言い方」、「感情表現」、さらに「受動態に似た現状重視や無意識行動に関する語」になります。構文は語根が他動詞ならほぼ3人称受動態と同じ語順に、それ以外は主部＋述部の語順になります。接辞terを理解する上での要点は以下の通りです。

(1) ter＋形容詞（最も〜な）という最上級的表現は、比較的一貫性がある。

　　ter ＋ banyak（多い） ➡ terbanyak　最多の
　　　　　　バニャッ(ク)　　　　　トゥルバニャッ(ク)

(2) 上記1以外の派生パターンについては、それぞれの品詞の中で、なぜある語にはterがつくのに、別の語にはつかないのか、またterがついた派生語の意味が、同じ品詞なのに違うのかなど一貫性や整合性に乏しく、合理的に解説することは難しい。

　　ter ＋ masuk（入る） ➡ termasuk
　　　　　　マスッ(ク)　　　　　トゥルマスッ(ク)
　　含まれている、すでに属している

　　Harga ini termasuk pajak.　この値段は税込です。
　　　ハルガ　イニ　トゥルマスッ(ク)　パジャッ(ク)

　それでは上の例とは反対に「この値段は税抜きです」はどうなるでしょう。

Harga ini terkeluar pajak. ×　　**Harga ini tanpa pajak.** ◯
　ハルガ　イニ　トゥルクルアール　パジャッ(ク)　　　　ハルガ　イニ　タンパ　パジャッ(ク)

　語根動詞masukの反意語「出る」はkeluarですが、terkeluarとはならず、代わりに前置詞tanpaを用います。
　　　　　マスッ(ク)　　　　　　　　　クルアール　　　トゥルマスッ(ク)
　　　　　　　　　　　　　　　　　　タンパ

　もう1つ例を挙げます。ter＋形容詞なら最上級的表現になりますが、語によってはそうとは限りません。なお、palingを用いて同じ表現にすることができます。
　　　　　　　　　　　　　　　　　　　　　　　　　　　パリン

166

ter + cepat 速い ➡ tercepat 最も速い、最速の
　　チュパッ(ト)　　　　　トゥルチュパッ(ト)
ter + lambat 遅い ➡ terlambat 遅れる、遅刻する
　　ランバッ(ト)　　　　　トゥルランバッ(ト)
　　　　　　　　➡ paling lambat 最も遅い
　　　　　　　　　　パリン　ランバッ(ト)

(3) あらゆる状況で接辞terのつく各種派生語は重要である。これらの語はフォーマルであろうとなかろうと、前述termasukのように、知っていると有益な、知らないと困る語が多い。
　　　　　　　　　　　　　　　　　　　　トゥルマスッ(ク)

(4) 接辞terとその派生語を理解するためには、terがついたままの形でその語を覚え、使えるようにすることが重要。反対に「terがこの語根につくと〜になる」というテキスト文法解説にこだわって理解しようとすると、実際の会話で例外が頻発し混乱する。

ビジネスパーソンが知っておくべき接辞terと各種派生語を、受動態に似た「現状重視の言い方」「無意識行動に関する表現」「感情表現」「その他」に分けてリストアップしてみました。なお、「最上級的言い方」はシーン5（P.57-58）で確認してください。

■ 受動態に似た現状重視の言い方

・tutup 蓋、覆い、閉める
　トゥトゥッ(プ)
　➡ tertutup 閉まっている、施錠された
　　トゥルトゥトゥッ(プ)
　Pintu rumah tertutup sejak tadi pagi.
　ピントゥー　ルマ　トゥルトゥトゥッ(プ)　スジャッ(ク)　タディ　パギ
　今朝から家のドアは閉まっている。

　➡ Pintu rumah ditutup oleh ayah sejak tadi pagi.
　　ピントゥー　ルマ　ディトゥトゥッ(プ)　オレ　アヤ　スジャッ(ク)　タディ　パギ
　　今朝から家のドアは父によって閉められている。

1つめの文は「誰がドアを閉めたのか」は、あまり考慮されず、閉まっているという現状を重視した言い方です。2つめの文は、3人称受動態文です。

- daftar　リスト、表、名簿
  ➡ **ter**daftar　すでに登録されている
  Usahanya sudah **ter**daftar resmi.
  彼の事業はすでに正式に登録されている。

  ＊usahanya　彼の事業　　resmi　正式に、公式に

■ 無意識行動に関する表現

- bawa　持って行く、持ってくる
  ➡ **ter**bawa　うっかり持ち出される
  Dokumen kantor **ter**bawa oleh bawahan saya kemarin.
  昨日会社の書類を部下がつい持ち出してしまった。

  ＊dokumen　書類　　bawahan　部下

  Dokumen kantor **di**bawa oleh bawahan saya kemarin.
  昨日会社の書類を部下が持って行った。　　＊これは3人称受動態文

　ただし、「無意識に」というtanpa sadarという副詞を文頭や文末につければ上の例文と同じに意味になります。

- tidur　寝る ➡ **ter**tidur　居眠りする
  Kadang-kadang kamu **ter**tidur di bus.
  時々君はバスで居眠りをしている。

  ＊kadang-kadang　時々　　bus　バス

■ 感情表現（接辞の有無にかかわらず、意味は同じことが多い）

- kejut　驚く ➡ **ter**kejut　驚く
  Ia **ter**kejut ketika melihat desa.　村を見たとき彼は驚いた。

  ＊ketika　〜の時　　melihat　〜を見る　　desa　村

- senyum　微笑み ➡ **ter**senyum　微笑む
  Semua orang **ter**senyum.　みんなが微笑みを浮かべた。

  ＊semua orang　みんな、全員

■ その他

- kenal （面識があって）知っている ➡ terkenal 有名な
Presiden Soekarno yang terkenal di Jepang lahir di Surabaya.
日本で有名なスカル大統領はスラバヤで生まれました。

- letak 所在、位置 ➡ terletak ～に位置する
Taman Hibiya terletak di kota Chiyoda.
日比谷公園は千代田区にあります。

- jadi ～になる ➡ terjadi ～が発生する、起こる
Demo buruh terjadi di mana-mana.
労働者のデモは方々で発生している

- lalu 通過する、以前の、それから ➡ terlalu ～すぎる
Masakan ini tidak terlalu pedas.
このお料理はあまり辛くありません。

- lihat 見る ➡ terlihat ～が見える
Danau Maninjau terlihat dari sini.
マニンジョウ湖はここから見えます。

- tarik ～を引く、引っ張る ➡ tertarik 関心がある、魅了される
Siapa yang tertarik diving ke Bali？
誰がバリのダイビングに興味があるのですか。

- diri 自分、自身 ➡ terdiri ～からなる
Rombongan dari kantor pusat terdiri atas berapa orang？
本社一行は何人からなるのですか。

❸ シーン16で使われたフォーマル動詞

- pesan　予約、注文、伝言
  ブサン
  ➡ <u>memesan</u>　〜を予約する、注文する、伝言する　＊P.67参照
  ムムサン

文を作ろう！

次の文をインドネシア語に直してみましょう。

1 パダン料理とスンダ料理、どちらの方がより辛いですか。

ヒント
▶パダン料理…masakan Padang　▶スンダ料理…masakan Sunda
　　　　　　マサカン　　パダン　　　　　　　　マサカン　　スンダ

2 パダン料理はスンダ料理より辛いです。

3 この割引は本日のみです。

ヒント
▶この割引…diskon ini
　　　　　ディスコン　イニ

4 スカルノ大統領は日本でとても有名です。

ヒント
▶とても…sangat
　　　　サンガッ(ト)

5 部屋代は朝食込みです。

ヒント
▶部屋代金…tarif kamar
　　　　　タリフ　カマール

読んでみよう！ ㉜

前ページでつくったインドネシア語を確認し、声に出して読んでみましょう。

1 Yang mana lebih pedas, masakan Padang atau masakan Sunda ?
ヤン　マナ　ルビ　プダス　マサカン　パダン　アタウ　マサカン　スンダ

解説 疑問文です。文末上がり調子で読みましょう。

---

2 Masakan Padang lebih pedas daripada masakan Sunda.
マサカン　パダン　ルビ　プダス　ダリパダ　マサカン　スンダ

解説 lebih、pedasの母音eは曖昧音の「ウ」です。「レビ」、「ペダス」と発音しないよう注意しましょう。

---

3 Diskon ini hanya untuk hari ini saja.
ディスコン　イニ　ハニャ　ウントゥッ(ク)　ハリ　イニ　サジャ

解説 untukの最後の子音kは詰まった音です。やや突き放すように「ウントゥッ」と読み、最後に軽く「ク」とつけてみましょう。

---

4 Presiden Soekarno sangat terkenal di Jepang.
プレシデン　スカルノ　サンガッ(ト)　トゥルクナール　ディ　ジュパン

解説 名前や地名などの固有名詞には、今でも旧つづりが使われることがあります。Soekarnoのuもoeと表記されますが、「ウ」と発音します。「ソエカルノ」と発音しないように注意しましょう。

---

5 Tarif kamar sudah termasuk makan pagi.
タリフ　カマール　スダ　トゥルマスッ(ク)　マカン　パギ

解説 tarifの子音f［エフ］、上歯で下唇をかんで「フ」と発音してみましょう。

第2章　生活会話

171

[シーン] 17 医師に症状を告げる ㉝

岡氏は体調を崩し、病院で診察を受けています。

医師 Bagaimana kondisi Bapak ?

岡 Saya tidak enak badan. Sejak kemarin saya sakit tenggorokan dan demam.

医師 Baik, saya periksa dulu. Apakah Bapak merasa kedinginan ?

岡 Ya, Bu Dokter, Sabtu saya kehujanan di lapangan golf.

医師 Pantas Bapak masuk angin. Ini resep obat untuk Bapak.

岡 Terima kasih, Bu Doker.

医師： 調子はどうですか。
岡： 体調が良くないんです。昨日から喉が痛くて熱があります。
医師： わかりました。まず調べてみましょう。寒気がしますか。
岡： はい、土曜日ゴルフ場で雨に打たれました。
医師： それで風邪を引いたんですね。では薬を出しましょう。これがあなたの処方箋です。
岡： ありがとうございます。

主な語句

kondisi [コンディシ]	状態、状況
sejak [スジャッ(ク)]	～以来、～以降
kemarin [クマリン]	昨日
demam [デマム]	熱がある、熱（身体の）
periksa [プリクサ]	～を調べる
dulu [ドゥールー]	まず、先に（文頭に置くと「以前」という意味になる）
merasa [ムラサ]	～を感じる
Bu Doker [ブー ドクトゥル]	先生（dokter医師、敬称Buを添えて女性医師に対して使う、男性医師の場合はPak Dokter）
Sabtu [サブトゥー]	土曜日
lapangan [ラパガン]	～場、広場
golf [ゴルフ]	ゴルフ
pantas [パンタス]	もちろん
masuk angin [マスッ(ク) アンギン]	風邪をひく、風邪になる（masuk…入る　angin…風）
resep obat [レセッ(プ) オバッ(ト)]	処方箋（obat…薬）

覚えておきたいフレーズ

> Tidak enak badan.
> ティダッ(ク) エナッ(ク)　バダン
>
> **訳** 体調がよくありません。
> **単語** tidak…～ない
> enak…気持ちがよい、おいしい
> badan…体

❶ 接辞ke-an 2（被害を受けたときの表現）

シーン14（P.148）では接辞ke-anの「〜すぎる」という意味になる用法について紹介しましたが、ここでは特定の語根（動詞、名詞、形容詞、副詞）にke-anがつき、何らかの被害を被った場合の表現を学びます。

- dingin　寒い、冷たい
  ➡ kedinginan　寒気がする、凍える、寒気
  Apakah Bapak merasa kedinginan？　寒気がしますか。

  ＊apakah　〜ですか（P.95参照）

- hujan　雨、雨が降る ➡ kehujanan　雨に打たれる、雨に濡れる
  Di lapangan golf saya kehujanan.
  ゴルフ場で雨に打たれました。

- siang　昼 ➡ kesiangan　寝過ごす、朝寝坊する
  Maaf, kami terlambat karena bangun kesiangan.
  ごめんなさい、朝寝坊して遅刻してしまいました。

  ＊maaf　ごめんなさい　　terlambat　遅れる　　karena　〜なので
  　bangun　起きる、目覚める

- terlalu　〜すぎる、極端に〜な
  ➡ keterlaluan　ひどすぎる、やり過ぎな、極端

  ＊シーン16（P.163）ではtidak terlalu　あまり〜ではない

  Itu keterlaluan!　それはひどすぎる。

- curi　〜を盗む、泥棒する
  ➡ kecurian　〜を盗まれる、盗難に遭う
  Sebulan lalu dia kecurian uang di hotel.
  1か月前彼女はホテルでお金を盗まれた。

  ＊Sebulan lalu　1か月前　　uang　お金　　hotel　ホテル

- masuk 入る ➡ kemasukan 取り憑かれる、侵入される
Telinga saya kemasukan air. 私の耳に水が入った。

＊telinga 耳　air 水

ただし、すべての語根（動詞、名詞、形容詞、副詞）に接辞ke-anがついてこの表現になるわけではないので、出てきた表現から順に覚え、使えるようにしましょう。

❷ 傷病時の表現sakit〜

「病気、痛い」を意味するsakitの後に身体の部位名を置くと、「〜が痛い」、「〜痛です」といった表現になります。例えばsakitの後にtenggorokan（喉）を続けるとsakit tenggorokan（喉が痛い）となります。まずは、体の部位から覚えていきましょう。

■ 体の部位

頭	kepala	耳	telinga	腰	pinggang
目	mata	首	leher	胸	dada
鼻	hidung	肩	bahu	腹	perut
口、歯	mulut、gigi	腕	lengan	背中	punggung
唇	bibir	手	tangan	尻	pantat
喉	tenggorokan	指	jari	足	kaki

sakit perut　腹痛
sakit kepala　頭痛

❸ 接辞anのつく名詞（An名詞）

フォーマル名詞については、すでにシーン9（P.97-98）の接辞per-an/pe-an、シーン10（P.107-109）の接辞peで学んできました。

ここで取り上げる接辞anも、特定の語根（動詞、名詞、形容詞、数詞）に後からついて新たな名詞を派生させます。An名詞は接尾辞のみなので、語根の意味を知っているか否かが理解の鍵になります。

■ **動詞**

- makan 食べる ➡ makanan 食べ物
- bangun 起床する ➡ bangunan 建物
  * membangun～ を建てる、開発する
- jalan 行く、歩く、道 ➡ jalanan 道路、道
  * berjalan 行く、歩く
- kumpul 集まる ➡ kumpulan 集まり　　* berkumpul = kumpul
- pakai ～を着る、使う ➡ pakaian 服　　* memakai = pakai
- baca ～を読む ➡ bacaan 読み物　　* membaca = baca

jalanのように品詞の区別が明瞭でないものは、接辞がつくことでberjalan（行く）動詞、jalanan（道路）名詞となります。日常会話では、jalanをどう使っても問題ありませんが、文書やフォーマルな会話では、接辞をつけることで文法的にも正しい形にします。

■ **名詞**

- darat 陸地 ➡ daratan 大陸　　* mendarat ～に上陸する
- atas 上 ➡ atasan 上司
- bawah 下 ➡ bawahan 部下
- hari 日、曜日 ➡ harian 毎日の
  * Harian Jakarta Post 日刊紙ジャカルタポスト
- minggu 週 ➡ mingguan 毎週の　　* majalah mingguan 週刊誌
- sayur 野菜 ➡ sayur-sayuran 野菜類

sayurように一部語根は、同じ語を2つ重ねてanをつけることがあります。

■ 形容詞

- asin 塩辛い ➡ asinan 漬け物
- lapang 広い ➡ lapangan 広場、〜場 ＊lapangan golf ゴルフ場
- bundar 丸い ➡ bundaran ロータリー
- manis 甘い ➡ manisan お菓子、甘味物
- kejut 驚く ➡ kejutan 驚愕、驚き

＊kejutan budaya カルチャーショック

■ 数詞

- satu 1 ➡ satuan 単位、部隊、小集団
- puluh 10 ➡ puluhan 数十の ＊puluhan orang 数十人の人
- ratus 100 ➡ ratusan 数百の
- ribu 1000 ➡ ribuan 数千の

④ シーン17で使われたフォーマル動詞

- periksa 〜を調べる ➡ memeriksa 〜を調べる
  Baik, saya periksa dulu.
  わかりました。まず、調べてみましょう。

  ➡ Baik, saya memeriksa dulu.
  わかりました。まず、調べてみましょう。

- rasa 感情、感覚、感触、味覚 ➡ merasa 〜を感じる、味わう
  Rasanya sangat asam. その味はとっても酸っぱい。

  ＊sangat とても asam 酸っぱい

  ➡ Apakah Bapak merasa enak？
  あなたは美味しいと思いますか。 ＊enak 美味しい

periksaやrasaには接辞memやmeがついてよりフォーマルな動詞に派生されます。ただし、ダイアログのような日常会話では、語根のままであったり、フォーマル動詞であったり混ぜて使うことが多いです。

コラム　宗教（agama）の存在

　近年インドネシアでは、食生活の改善や余暇をスポーツに使いストレス解消につなげるなど、人々の健康に対する意識が大きく変化してきました。しかし「心」の健康については、宗教の存在が依然として濃厚です。とくに国民の約9割を占めるイスラム教徒の場合、よく知られているように日に5回の礼拝、ジルバブ（jilbab）、ヒジャブ（hijab）というベールで頭を覆う女性の姿、毎年ある断食月と断食明け大祭、説教師が登場するテレビ番組など日常生活から切り離すことはできません。それに加えインドネシアでは、6つの公認宗教（イスラム教、キリスト教〔カトリックとプロテスタント〕、仏教、ヒンドゥー教、儒教）の下で信仰の自由を認めつつ、政府には宗教省が置かれ、小中学校や高校でも信仰毎に宗教を学ぶ授業があります。

　政教分離の原則（国家は宗教に介入しない）に従い、個人の問題とする日本とは、大きく異なることを認識しておかなければなりません。そして、インドネシアではよくAgamanya apa？（あなたの宗教は何ですか）と聞かれることがあります。これに対しTidak ada（ありません）と答えることも可能ですが、Budha（仏教です）、Shinto（神道です）と答えた方が無難でしょう。

文を作ろう！

次の文をインドネシア語に直してみましょう。

1 2日前から彼は腹痛です。

ヒント
▶2日前…dua hari lalu

2 私の部下はテニスコートで雨に打たれました。

ヒント
▶テニス…tenis　▶テニスコート＝テニス場

3 この雑誌は月刊誌ですか。

ヒント
▶雑誌…majalah　▶毎月の…bulanan

4 これはアグースさんの服ではありません。

ヒント
▶〜ではない…bukan　▶アグースさん（男性の名前）…Mas Agus

5 処方箋を下さい。

ヒント
▶〜をください…minta（P.84参照）

読んでみよう！ ㉞

前ページでつくったインドネシア語を確認し、声に出して読んでみましょう。

1 Sejak dua hari lalu dia sakit perut.
スジャッ(ク) ドゥア ハリ ラルー ディア サキッ(ト) プルッ(ト)

解説 sejakの子音k、sakitとperutの子音t、どちらも詰まった音です。

---

2 Bawahan saya kehujanan di lapangan tenis.
バワハン サヤ クフジャナン ディ ラパガン テニス

解説 bawahanの語中にある子音h［ハー］は同じ母音に挟まれている場合は発音されます。

---

3 Majalah ini majalah bulanan？
マジャラ イニ マジャラ ブラナン

解説 疑問文です。文末上がり調子に発音してみましょう。

---

4 Ini bukan pakaian Pak Agus.
イニ ブカン パカイアン パッ(ク) アグース

解説 pakaianのaiは二重母音です。「パカイアン」と「パケアン」と2通りあります。

---

5 Minta resep.
ミンタ レセッ(プ)

解説 resepの母音eは曖昧音ではありません。「ルスッ（プ）」と発音しないよう気をつけましょう。

[シーン] 18 薬局で薬を買う ㉟

岡さんは薬を購入し、飲み方を店員に聞いています。

岡 Obat-obatan ini saya minum berapa kali sehari, Mbak?

店員 Bapak harus minum tablet kuning ini tiga kali sehari, sebelum makan. Sedangkan tablet putih ini satu kali sehari saja, sesudah makan malam. Sebaiknya Bapak minum mulai siang ini.

岡 Kalau saya sudah sembuh, bolehkah saya berhenti minum obat?

店員 Kalau begitu Bapak tidak perlu mengonsumsi lagi. Tetapi kalau belum sembuh, berobat ke dokter lagi, Pak.

岡: これらの薬は1日に何回を飲めばいいですか。
店員: この黄色の錠剤を1日3回食前に、他方この白い錠剤は1日1回だけ、晩ご飯の後です。今日の午後から飲まれるといいでしょう。
岡: もし、症状が回復したら途中でやめてもいいですか。
店員: その場合は服用する必要はありません。しかし、よくならない場合は、またお医者さんで診察を受けてください。

主な語句

obat-obatan [オバッ(ト) オバッタン]	薬、薬品類（obat…薬、obat-obatan…複数を意味するだけでなく種類もいろいろあるという意味）
minum [ミヌム]	〜を飲む
berapa kali [ブラパ カリ]	何回（kali…〜回）
sehari [スハリ]	1日（satu→se + hari）
harus [ハルース]	〜しなければならない
tablet [タブレッ(ト)]	錠剤
kuning [クニン]	黄色い
sebelum [スブルーム]	〜する前に
makan malam [マカン マラーム]	晩ご飯を食べる（makan…食べる　malam…夜）
sedangkan [スダンカン]	一方、他方
putih [プティ]	白い
kalau [カラウ／カロウ]	もし〜なら
sembuh [スンブ]	治る、回復する
berhenti [ブルフンティ]	中止する、やめる
mengonsumsi [ムゴンシュームシ]	〜を服用する
lagi [ラギ]	更に、もっと
berobat [ブルオバッ(ト)]	薬を飲む、治療を受ける
dokter [ドクトゥル]	医師、医者

覚えておきたいフレーズ

...mulai　siang ini...
ムライ／ムレイ　シアン　イニ

訳 今日の昼から、今日の午後以降
単語 mulai…始まる、〜から、〜以降
　　　　siang ini…今日の昼、午後

① 助動詞 1

時制が明瞭ではないインドネシア語において助動詞は、副詞とともに重要な役割を担っています。構文的には、主語の後、述部（動詞や形容詞）の前に置かれます。また、一部の助動詞は動詞がなくても、目的語を取れます。

・boleh ～してもよい
Saudara-Saudari <u>boleh</u> pulang sekarang.
皆さんは今帰っていいです。　　　＊pulang 帰る　sekarang 今

・harus/mesti ～しなければならない　　　＊mestiは口語表現
Kita <u>harus</u> menikah bulan depan.
　　　　　　　　　　＊menikah 結婚する　bulan depan 来月
私たちは来月結婚しなければなりません。

・perlu ～する必要がある、～が必要である
Keponakan saya <u>perlu</u> minum obat.　＊keponakan 甥、姪
私の甥は薬を飲む必要がある。

Aku <u>perlu</u> banyak uang.
僕はたくさんのお金が必要だ。　　　　　　　　　　＊uang お金

・tidak usah ～する必要はない　　　＊usahのみで使わない
Kamu <u>tidak usah</u> masak hari ini ya.
今日は調理しなくていいからね。　　　＊masak 調理する、料理する

・sudah/telah もう／すでに～した
Ibu <u>sudah</u> lama menunggu saya ?
もう長いことお待ちでしたか。　　　＊lama （時間の経過が）長い

Saya <u>telah</u> membaca koran.
私はもう新聞を読んだ。　　　＊membaca ～を読む　koran 新聞

- belum　まだ〜でない

  PRnya <u>belum</u> selesai.　彼の宿題はまだ終わっていない。

  ＊PRnya　彼の宿題（PR → Pekerjaan Rumah家の仕事）　　selesai　終わる

- pernah/sudah pernah　かつて〜したことがある

  Mister Oka <u>pernah</u> bertugas di New York.

  ＊sudahをつけても同様

  岡さんはニューヨークで勤務したことがあります。

  ＊bertugas　勤務する、任務に就く

- tidak pernah/belum pernah

  かつて〜したことがない／まだ〜したことがない

  Saya <u>tidak pernah</u> memikirkan cara itu.
  私はその方法について考えたことはない。

  Saya <u>belum pernah</u> memikirkan cara itu.
  私はその方法についてまだ考えたことはない。

  ＊memikirkan　〜について考える　　cara　方法、手段
  ＊上記の文では前者が完全否定なのに対し、後者は不完全否定

これら助動詞を含む文は、文末上がり調子で読めば、すべて疑問文になります。ほかにも、助動詞を文頭にもってきたり、それにkahという接尾形をつけて文頭に置く方法もあります。この形の疑問文の方が、より強調された意味合いがあります。

<u>助動詞＋kah</u>

私は薬を飲むのをやめても構いませんか。

Boleh<u>kah</u> saya berhenti minum obat？
➡ <u>Boleh</u> saya berhenti minum obat？
➡ Saya <u>boleh</u> berhenti minum obat？

184

❷「何回？」「○回」「何回目？」「○回目」

「○回」という表現は、kaliを用います。kaliの前に疑問詞berapaを置いてberapa kaliとすると、「何回ですか」と尋ねる表現になります。

kaliの前に数字を置けば、「○回」という回数を示す表現になります。これらの語の後にsehari（1日）やseminggu（1週間）を添えれば、どれくらいの頻度なのかがいっそう明らかになります。

■ 回数を表す表現　疑問詞＋kali

Berapa kali?　何回ですか。
- **Satu kali.**　1回です。　　　　　　　　　＊satu = se → sekali
- **Tiga kali.**　3回です。　　- **Empat kali**　4回です。

■ 頻度を表す表現　数詞＋kali

・**Satu kali sehari.**　1日に1回です。
・**Tiga kali seminggu saja.**　1週間に3回だけです。　＊saja　〜だけ
・**Empat kali sebulan.**　1か月に4回です。
・**Tujuh kali setahun.**　1年に7回です

＊tujuh kali　7回　　setahun　1年

なおkali、minggu、bulan、tahunの前にあるseはsatu「1」を表します。数字satuだけは、接辞seに変わり名詞の前につき、一体化して使われることが多いです（P.47参照）。

さらに「1回目はジャカルタに3月、2回目はバンドンに6月、3回目はスマランに7月」など、詳しく説明したい場合の「○回目」を表現したいときは、シーン4（P.49）で学んだ序数詞、pertama/kesatu（第1の）、kedua（第2の）、ketiga（第3の）などをkaliの前か後に置きます。また、kaliの後にkeberapaを置いたkali keberapaで、「何回目ですか」と尋ねる表現になります。keberapa

は疑問詞 berapa に接辞 ke がついたものです。
　　ブラパ

■ 序数詞＋ kali ／ kali ＋序数詞
・Pertama kali. ／ Kali pertama.　1回目です。
　プルタマ　　カリ　　　カリ　プルタマ
　　　　　　＊「1回目」のみ kesatu より pertama を用いることが多い
・Ketiga kali. ／ Kali ketiga.　3回目です。
　クティガ　カリ　　カリ　クティガ
・Keempat kali. ／ Kali keempat.　4回目です。
　クウンパッ(ト)　カリ　　カリ　クウンパッ(ト)

❸ 接続詞3（sebelum、sesudah）

シーン13（P.136）と同じく2つの文をつなぐ接続詞です。

Sebelum

Bapak harus minum obat sebelum makan.
バパッ(ク)　ハルース　ミヌム　オバッ(ト)　スブルーム　マカン
あなたは食事の前に薬を飲まねばなりません。

　Bapak harus minum obat.
　バパッ(ク)　ハルース　ミヌム　オバッ(ト)
　あなたは薬を飲まねばなりません。
　　　＋
　接続詞　sebelum　～する前に
　　　　　スブルーム
　　　＋
　makan.　食べます。
　マカン

Sesudah

Ibu harus minum obat sesudah makan malam.
イブー　ハルース　ミヌム　オバッ(ト)　ススダ　マカン　マラーム
あなたは晩ご飯の後、薬を飲まねばなりません。

　Ibu harus minum obat.　あなたは薬を飲まねばなりません。
　イブー　ハルース　ミヌム　オバッ(ト)
　　　＋
　接続詞　sesudah　～した後に
　　　　　ススダ
　　　＋
　makan malam.　晩ご飯を食べます。　　　＊ malam　夜
　マカン　マラーム

なお、sebelum と sesudah の位置はかえることができます。

Sesudah makan malam, Ibu harus minum obat.
晩ご飯の後、あなたは薬を飲まねばなりません。

❹ シーン18で使われたフォーマル動詞

・henti　停止、止まる
　➡ berhenti　停止する、中止する、終了する
Murid belajar tanpa henti.
　＊murid　生徒　　belajar　勉強する　　tanpa　～なしで
生徒は一息つくことなく勉強し続けている。

　➡ Motornya berhenti di depan lampu merah.
　　自動車は赤信号の前で停止した。

　＊motornya　（彼の）バイク　　di depan　前で　　lampu merah　赤信号

・konsumsi　消費、摂取、需要
　➡ mengonsumsi　～を服用する、消費する
Konsumsi ikan di Indonesia masih rendah.
インドネシアの魚の消費量はまだ低い。　＊ikan　魚　　rendah　低い

　➡ Orang kota mengonsumsi banyak daging.
　　都会の人はたくさんの肉を消費する。

　　　　　　　　　　　　　＊orang kota　都会の人　　daging　肉

・obat　薬 ➡ berobat　薬を飲む、治療を受ける
Obat-obatan ini sangat mahal.　これらの薬品は非常に高価だ。
　　＊sangat　非常に、とても～な　　mahal　高価な、高い

　➡ Saya berobat ke dokter lagi.
　　私は再び医者の診察を受けに行く。

もともと名詞か動詞かはっきりしない語 henti には接辞 ber が、

名詞であるobatやkonsumsiには、それぞれ接辞ber、接辞meがつき、いずれも動詞としての正確性が高まり、フォーマル動詞に派生されています。特に、ダイアログで店員が使っていたmengonsiumsi（〜を服用する）は、岡さんが使っていたminum（飲む）と比べると、フォーマルさが明らかです。

文を作ろう！

次の文をインドネシア語に直してみましょう。

1 1年に何回彼女はインドに行かねばなりませんか。

ヒント
▶インド…India

2 1年に5回です。

ヒント
▶5回…lima kali

3 1回目は4月でした。

ヒント
▶4月…(bulan) April

4 私たちは晩ご飯の前に新聞を読みます。

5 ブディは食後、薬を飲みたくありません。

ヒント
▶ブディ…Budi（男性の名前）

読んでみよう！ ㊱

前ページでつくったインドネシア語を確認し、声に出して読んでみましょう。

1 Dia pergi ke India berapa kali setahun ?
ディア　プルギ　ク　インディア　ブラパ　カリ　スタフン

解説 インドは India［インディア］と発音します。

---

2 Lima kali setahun.
リマ　カリ　スタフン

解説 setahunの子音hは「スタフン」と「スタウン」の両方あります。

---

3 Pertama kali April.
プルタマ　カリ　アプリル

解説 月名のApril、英語と同じですが発音が異なります。「エイプリル」と言わないように気をつけましょう。

---

4 Kita membaca koran sebelum makan malam.
キタ　ムンバチャ　コラン　スブルーム　マカン　マラーム

解説 sebelumのeは曖昧音の「ウ」です。「セブルーム」ではなく「スブルーム」と発音しましょう。

---

5 Budi tidak mau minum obat sesudah makan.
ブディ　ティダッ(ク)　マウ　ミヌム　オバッ(ト)　ススダ　マカン

解説 sesudah語末のh［ハー］は発音しません。

[シーン] 19 タクシーに乗る ㊱

岡夫人は親しいインドネシア人の友人らとタクシーに乗車し、運転手に行き先を告げています。

運転手 Mau ke mana, Ibu-Ibu ?
マウ　ク　マナ　イブー　イブー

岡夫人 Pasific Place di Jalan Soedirman, Pak.
パシフィッ(ク)　プレイス　ディ　ジャラン　スディルマン　パッ(ク)

Kira-kira berapa lama ?
キラ　キラ　ブラパ　ラマ

運転手 Mungkin satu setengah jam, Bu.
ムンキン　サトゥー　ストゥンガ　ジャム　ブー

岡夫人 Lama sekali ya ?
ラマ　スカリ　ヤー

Tidak ada jalan yang tidak macet ?
ティダッ(ク)　アダ　ジャラン　ヤン　ティダッ(ク)　マチェッ(ト)

運転手 Ya, tidak ada Bu.
ヤー　ティダッ(ク)　アダ　ブー

Banjir di mana-mana sehingga macet di mana-mana.
バンジール　ディ　マナ　マナ　スヒンガ　マチェッ(ト)　ディ　マナ　マナ

Apalagi Jakarta sedang membangun MRT.
アパラギ　ジャカルタ　スダン　ムンバグン　エムエルテー

岡夫人 Apa boleh buat.
アパ　ボレ　ブアッ(ト)

運転手： どちらに行かれますか。
岡夫人： スディルマン通りのパシフィックプレイスでお願いします。
　　　　 どのくらいかかりますか。
運転手： 多分1時間半でしょう。
岡夫人： とても時間がかるんですね。渋滞していない道路って無いんですか。
運転手： ええ、ないでしょうね。そこら中で洪水が発生していて、渋滞しています。ましてやジャカルタはMRTを建設中なんです。
岡夫人： 仕方ないわね。

主な語句

mau [マウ]	〜したい、〜するつもりだ
ke mana [ク マナ]	どこへ
Ibu-Ibu [イブー イブー]	皆さん（女性に対する2人称代名詞を重ねて表現するが、訳さない。P.103、127参照）
Pasific Place [パシフィッ(ク) プレイス]	パシフィッ(ク) プレイス（ショッピングモールの名称）
Jalan Soedirman [ジャラン スディルマン]	スディルマン通り（jalan…〜通り、行く、歩く、道路）
satu setengah jam [サトゥー ストゥンガ ジャム]	1時間半
mungkin [ムンキン]	多分、おそらく
lama [ラマ]	（時間が）長い
sekali [スカリ]	とても
tidak ada [ティダッ(ク) アダ]	いない、存在しない（tidak…〜ない　ada…ある、いる）
banjir [バンジール]	洪水
macet [マチェッ(ト)]	渋滞する、渋滞
di mana-mana [ディ マナ マナ]	いたるところで、あちらこちらで
apalagi [アパラギ]	ましてや
sedang [スダン]	〜している

覚えておきたいフレーズ

Kira-kira berapa lama ? キラ　キラ　ブラパ　ラマ	**訳** どのくらいかかりますか。 **単語** kira-kira…おおよそ、約 　　　 berapa…幾つ、幾ら
Apa boleh buat. アパ　ボレ　ブアッ(ト)	**訳** やれやれ、仕方ない、お手上げです。 **単語** apa…何　　boleh…〜してよい 　　　 buat…〜をする、作る

❶ 助動詞2

シーン18(P.183-184)に続き、助動詞を紹介します。

- **mau/ingin 〜したい、〜するつもりだ、〜がほしい**

　　　　　　　　　　　　　　　　　　　　　＊inigin は mau より要求度が高い

  Ibu <u>mau</u> minum susu?　牛乳を飲みたいですか。

  　　　　　　　　　　　　　　　　　　　　　　　＊minum　飲みます　　susu　牛乳

  Dia <u>mau</u> pergi ke Jalan Soedirman besok.
  明日彼女はスディルマン通りに行くつもりです。　　＊besok　明日

  Suami istri itu <u>ingin</u> bayi.　その夫婦は赤ちゃんが欲しい。

  　　　　　　　　　　　　　　　　　　　＊suami istri　夫婦　　bayi　赤ちゃん

- **bisa/dapat 〜することが可能である、〜ができる**

  　　　　　　　　　　　　　　　　　　　　　　　＊dapat は文語表現

  Anda <u>bisa</u> bahasa Jawa?　あなたはジャワ語ができますか。

  　　　　　　　　　　　　　　　　　　　　　　　＊bahasa Jawa　ジャワ語

  Kita <u>dapat</u> menemukan surat.
  私たちは文書を見つけることができた。

  　　　　　　　　　　　　　　　　＊menemukan　〜を見つける　　surat　文書

- **sedang/lagi 〜している**　　　　　　　　　　　＊lagi は口語表現

  Direktur <u>sedang</u> melayani tamu.
  役員がお客様を接待しています。

  　＊direktur　重役、役員　　melayani　〜を接待する、世話する、サービスする

- **masih まだ〜している**

  Siapa yang <u>masih</u> menangani ini?
  誰がまだこれを担当しているんですか。

  　　　　　　　　　　　＊siapa yang　誰が　　menangani　〜を担当する

- akan 〜するでしょう
 Rina akan beli obat di apotik.
 リナは薬局で薬を買うでしょう。

＊Rina リナ（女性の名前）　beli 〜を買う

- baru/baru saja 〜したばかり
 Polisi baru menangkap pencuri.
 警官は泥棒を逮捕したところです。

＊polisi 警官　menangkap 〜を逮捕する　pencuri 泥棒

❷ 否定疑問文とそれに対する答え

通常の「〜しますか」「はい、します／いいえ、しません」という疑問文については紹介してきましたが、ここでは、「〜しませんか」「はい、しません／いいえ、します」という否定疑問文とその答え方について、ご紹介します。

ダイアログではTidak ada jalan yang tidak macet？（渋滞していない道路ってないんですか）という質問に対して、Ya, tidak ada Bu.（はい、ありません）と答えていましたね。

■ 疑問文と答え

Ada jalan yang tidak macet？　混んでいない道はありますか。
- Ya, ada Bu.　はい、あります。
- Tidak, tidak ada Bu.　いいえ、ありません。

■ 否定疑問文と答え

Tidak ada jalan yang tidak macet？
混んでいない道はありませんか。
- Ya, tidak ada Bu.　はい、ありません。
- Tidak, ada Bu.　いいえ、あります。

第2章 生活会話

193

❸ 接続詞4（sehingga、ketika/waktu）

シーン13（P.136）、18（P.186-187）と同じ2つの文をつなぐ接続詞です。ダイアログにはないパターンも紹介します。

sehingga

Banjir di mana-mana <u>sehingga</u> macet di mana-mana.
いたるところで洪水が発生していて、渋滞しています。

　Banjir di mana-mana　いたるところで洪水が発生しています。
　＋
　接続詞　sehingga　〜その結果
　＋
　macet di mana-mana.　渋滞しています。

ketika

Kita pergi ke bioskop <u>ketika</u> polisi menangkap pencuri.
私たちは警官が泥棒を逮捕したとき映画館へ行っていた。

　Kita pergi ke bioskop.　私たちは映画館へ行っていた。
　＋
　接続詞　ketika　〜のとき
　＋
　Polisi menangkap pencuri.　警官は泥棒を逮捕した。

なお、ketikaは同じ意味のwaktuと入れ替えて使うことができ、これらは文頭に位置を移動することもできます。

<u>Waktu</u> polisi menangkap pencuri, kita pergi ke bioskop.
警察官が泥棒を逮捕したとき、私たちは映画館へ行っていた。

❹ シーン19で使われたフォーマル動詞

- bangun　起きる、目覚める
  ➡ membangun　建設する、開発する

Saya bangun pagi-pagi.　私は朝早く起きた。　＊pagi-pagi　早朝
➡ Jakarta sedang membangun MRT.
　ジャカルタはMRTを建設中なんです。

＊MRT = Mass Rapid Transit　都市高速鉄道

bangunは語根動詞ですが、接辞memがついて「〜を建てる、建設する、工事する」といったフォーマル動詞に派生されます。

コラム　交通渋滞 (macet)

　インドネシアでは、ジャカルタをはじめ大都市での交通渋滞が大きな問題です。日本のような公共輸送機関が未整備なため、庶民は乗合自動車、バス、バイク（少しお金があるとローンでバイクを購入）、中流以上の富裕層は、運転手付き自家用車による通勤が圧倒的となり、平日ジャカルタ中心部はすさまじい渋滞です。最近では、地球温暖化の影響ゆえか雨季（10〜5月頃）の降雨による洪水や、労働組合などさまざまな組織団体が行う街頭デモ活動などがさらなる渋滞を生み出している状況です。

　政府やジャカルタ特別州当局は、中心部道路における混雑時間帯の車両入場規制、新たな道路建設、専用レーンを走る高速バスを整備するなど渋滞緩和に務めています。また、地下鉄区間を含む新都市交通システム（MRT）の建設工事を2018年竣工を目指し始めています。

　ジャカルタで、新しい場所へ行くときは、必ず渋滞を念頭に計画、行動するようにしましょう。

文を作ろう！

次の文をインドネシア語に直してみましょう。

1 壊れていない道路はないんですか。

ヒント
▶壊れていない…tidak rusak
　　　　　　　　ティダッ(ク)　ルサッ(ク)

---

2 ええ、無いんです。

ヒント
▶相手はインドネシア人年配男性、丁寧な「あなた」Bapakの省略形を添えてみましょう。

---

3 MRTは日本企業が建設中です。

ヒント
▶「MRTは日本企業によって建設されている」という3人称受動態文に直してみましょう（P.155-157参照）。
▶日本企業…perusahaan Jepang
　　　　　　ブルサハアン　ジュパン

---

4 そこら中で渋滞し、その結果私は遅れてしまった。

ヒント
▶遅れる…terlambat
　　　　　トゥルランバッ(ト)

---

5 私は彼が朝早く起きたときに牛乳を買いました。

読んでみよう！ ㊳

前ページでつくったインドネシア語を確認し、声に出して読んでみましょう。

1 Tidak ada jalan yang tidak rusak ?
ティダッ(ク)　アダ　ジャラン　ヤン　ティダッ(ク)　ルサッ(ク)

解説 yangのngは母音がつかない鼻音の［ガ］、普通に「ン」と発音しましょう。

2 Ya, tidak ada Pak.
ヤー　ティダッ(ク)　アダ　パッ(ク)

解説 tidak、Pakのkは詰まった音です。特にPakは「パク」とは読まないよう注意しましょう。

3 MRT sedang dibangun oleh perusahaan Jepang.
エムエルテー　スダン　ディバングン　オレ　プルウサハアン　ジュパン

解説 MRTは正確には「エムエルテー」ですが、都市部では英語風の「エムアールティー」をよく使っています。どちらの発音でも読めるようにしましょう。

4 Macet di mana-mana sehingga saya terlambat.
マチェッ(ト)　ディ　マナ　マナ　スヒンガ　サヤ　トゥルランバッ(ト)

解説 sehingga、terlambatにあるeは「エ」ではなく曖昧音のe［ウ］です。「セヒンガ」、「テルランバッ（ト）」にならないよう気をつけてください。反対にmacetのeは曖昧音ではありません。

5 Saya beli susu ketika ia bangun pagi-pagi.
サヤ　ブリ　ススー　クティカ　イア　バングン　パギ　パギ

解説 beliの子音l［エル］は舌先を歯ぐきに押し当てて発音します。

[シーン] 20 取引先の社長宅を訪問 ㊴

岡夫婦は取引先の社長宅に招待されました。

リノ: Selamat malam. Kami sekeluarga senang sekali dengan kedatangan Bapak dan Ibu Oka ke rumah kami.

岡: Selamat malam. Kami pun senang bisa mengunjungi Bapak dan Ibu.

リノ夫人: Mari, silakan masuk.

岡夫人: Wah, rumahnya bagus ya. Sudah berapa tahun Pak Rino dan Bu Novi tinggal di sini ?

リノ: Kira-kira 20 tahun. Ayo, silakan duduk dan silakan diminum kopinya.

岡: Terima kasih banyak.

- リノ： こんばんは、家族一同、岡さんご夫婦の訪問を大変うれしく思います。
- 岡： こんばんは、私たちも伺うことができてうれしいです。
- リノ夫人： さあ、お入りください。
- 岡夫人： わあ、すてきなお宅ですね。お二人は何年こちらにお住まいですか。
- リノ： 20年くらいです。さあ、どうぞお座りになって、コーヒーをお飲みください。

主な語句

kami sekeluarga [カミ スクルアールガ]	家族一同、家族全員
rumah/rumahnya [ルマ／ルマニャ]	家（nyaがついても意味は同じ。P.84-87参照）
mari/ayo [マリ／アヨー]	さあ〜しましょう
masuk [マスッ(ク)]	入る
bagus [バグース]	素晴らしい
sudah [スダ]	すでに、もう
tahun [タウン／タフン]	年、〜歳
berapa tahun [ブラパ タウン／タフン]	何年
Pak Rino [パッ(ク) リノ]	リノさん（男性の名前）
Bu Novi [ブー ノフィ]	ノフィさん（女性の名前）
tinggal [ティンガル]	〜に住む
sini [シニ]	ここ
kira-kira [キラ キラ]	約、おおよそ
duduk [ドゥドゥッ(ク)]	座る

覚えておきたいフレーズ

Kami...senang sekali dengan kedatangan... カミ スナン スカリ ドゥガン クダタガン	**訳** 私どもは〜さんのご訪問、大変うれしく思います。 **単語** senang sekali…とてもうれしい dengan…〜と　kedatangan…訪問
Kami pun senang bisa mengunjungi... カミ プン スナン ビサ ムグンジュンギ	**訳** 私たちも伺うことができてうれしいです。 **単語** pun…〜も　senang…うれしい bisa…できる mengunjungi…伺う、訪問する

199

❶ 接辞ke-an 3 (Ke-an名詞)

　これまで接辞ke-anについては「～すぎる」という言い回し（シーン14）と被害動詞（シーン17）をみてきました。ここでは特定の語根（動詞、形容詞、名詞など）についてフォーマルな名詞を派生させる用法を紹介します。つまり、Ke-an名詞は、Per-an名詞（シーン9）などと同じフォーマル名詞の1つです。

　しかし、前述の通り接辞ke-anにはほかの作用があるため、一見同じ語なのに異なる意味をもっている場合があります。このようなときは文脈から意味を推測します。

■ 動詞

- pergi　行く ➡ kepergian　旅行、他界、逝去
Kepergiannya dirasa sangat tiba-tiba.
逝去はあまりに突然でした。

　　　　＊dirasa　感じられる　　sangat　とても　　tiba-tiba　突然の

- berangkat　出発する ➡ keberangkatan　出発
Di sini terminal keberangkatan?
ここが出発ターミナルですか。

　　　　＊di sini　ここは／が　　terminal　ターミナル

■ 形容詞

- indah　美しい、きれいな ➡ keindahan　美、美しさ、美観
Wisatawan asing menikmati keindahan bunga Sakura.
外国人観光客は桜の花の美しさを満喫する。

　　　　＊wisatawan asing　外国人観光客　　menikmati　～を満喫する
　　　　　bunga Sakura　桜の花

- besar 大きい ➡ kebesaran 偉大、栄光、偉さ
  Anda tidak dapat meragukan lagi kebesaran Tuhan.
  あなたはもはや神の偉大さを疑えない。

  * tidak dapat できない　meragukan ～を疑う　lagi もはや、再び
    Tuhan 神

■ 名詞

- uang お金 ➡ keuangan 財務、金融、会計
  Ibu bekerja di Bagian Keuangan?
  あなたは財務部にお勤めですか。

  * bekerja 勤務する　bagian ～部、課

■ その他

- perlu ～する必要がある、～が必要である
  ➡ keperluan 必要性、必需品
- tidak seragam 一致しない ➡ ketidakseragaman 不一致

❷ 命令依頼表現4

シーン11（P.116-119）で紹介したtolongやmohon以外にもいくつかの依頼表現があります。まずはsilakan/silahkanです。これを動詞の前に置くことで、「～してください」という丁寧な依頼表現になります。tolongが自分のために相手に依頼するのに対し、silakan/silahkanはそれを行うと相手にとって有益であると思われる場合、その行為を勧めるときの表現です。ですから、たとえ相手がそれをやらなくても、問題ありません。

■ silakan/silahkan どうぞ(あなたのために)～してください

- berangkat 出発する
  ➡ Silakan berangkat dengan kereta ini.
  どうぞこの列車で出発なさってください。　　　*kereta 列車

- melihat　～を見る
  ➡ <u>Silahkan</u> lihat itu.　どうぞそれをご覧ください。

- menikmati　～を満喫する
  ➡ <u>Silakan</u> nikmati kuenya.　　　　＊kuenya　お菓子
  どうぞお菓子をご堪能ください。

- memasukkan　～を入れる
  ➡ <u>Silahkan</u> masukkan buku ke dalam laci.
  どうぞ本を引き出しの中へ入れてください。

  ＊buku　本　　ke dalam laci　引き出しの中へ

- memperhatikan　～を考慮する、注意する
  ➡ <u>Silakan</u> perhatikan hal itu.
  どうぞその点にご注意ください。

　ほかの命令依頼表現と同じでsilakan/silahkanは、後に来る動詞が他動詞なら接頭辞は外れます。しかし、kanやiなど接尾辞があるときは、そのままにして外しません。またMemper動詞の場合、接頭辞memperのmemのみが外れます。

　これまで紹介した表現以外にも、相手に何かをするよう促すcoba、一緒に何かをやるよう促す際のmari/mari kitaやayoもあります。動詞が他動詞なら、接辞は同じように外れます。

- coba ➡ Coba bekerja di Tokyo.　東京で働いてみなさい。
- mari/mari kita/ayo
  ➡ Mari/Mari kita/Ayo belajar bahasa Indonesia.
  さあインドネシア語を学びましょう。

　なおmariとayoには、「さあ～」と相手を促すだけの用法もあります。シーン15（P.153）のMari saya antar..........sana.（さあ、あちらまで～を案内いたしましょう）や本ダイアログのayoはそうした

ニュアンスを含んでいます。

ところでダイアログでは、次のような表現がありました。

Ayo, silakan duduk dan silakan <u>diminum kopinya</u>.
さあ、どうぞお座りになって、<u>コーヒーをお飲みください</u>。

受動態ではないのに「(コーヒーを) 飲む」という動詞が、3人称受動態文でよく見かけるdiminumになり、目的語のkopinyaが続いています。本当ならsilakan dudukと同じようにsilakan minum kopinyaであるべきです。これは依頼表現の中で、もっとも丁寧な形で、tolongやsilakan/silahkanに続く動詞に接辞diを添え受動態にしたものです。この場合動詞はminumなど一部例外を別にして、他動詞です。

Tolong sampaikan hal ini kepada atasan.
この件を上司にお伝えください。

→ Tolong <u>di</u>sampaikan hal ini kepada atasan.
  この件を上司にお伝えください。

❸ シーン20でのフォーマル動詞

・kunjung　訪れる
→ <u>ber</u>kunjung　訪れる → <u>meng</u>unjungi　〜を訪れる
Wisatawan kunjung ke Indonesia.
観光客はインドネシアを訪れる。

→ Wisatawan <u>ber</u>kunjung ke Indonesia.
  観光客はインドネシアを訪れる。

→ Wisatawan <u>meng</u>unjungi Indonesia.
  観光客はインドネシアを訪れる。

- masuk　入る ➡ memasuki　〜に入る、入場する
  Kita masuk ke ruang rapat.　我々は会議場に入ります。

  ＊ruang　部屋、〜場　　rapat　会議

  ➡ Kita memasuki ruang rapat.　我々は会議場に入ります。

- duduk　座る、在籍する
  ➡ menduduki　〜に座る、〜を占領する、地位に就く
  Pak Rino duduk di kursi.　リノさんはいすに座ります。

  ＊kursi　いす

  ➡ Ia menduduki kursi ketua dewan.
  彼女は議長に就任します。　　＊ketua　〜長　　dewan　議会

　ber動詞の語根kunjungは、berkunjung、mengunjungiとなるにつれ、一層フォーマルさが強まるとともに、最後のmengunjungiでは前置詞ke（〜へ）を含んでいます。会話ではそのまま使われるmasuk、dudukも、実は接辞me-iがつくことで、少し意味が変化しながらフォーマル動詞に派生されます。

文を作ろう！

次の文をインドネシア語に直してみましょう。

1 私どもはノフィさんのご訪問、たいへん嬉しく思います。

---

2 私もこのイベントに来ることが出来て嬉しいです。

ヒント
- イベント…acara（アチャラ）

---

3 さあモールへ行きましょう。

ヒント
- モール…mal（モール）（大都市では英語風に「モール」と発音する）
- （ちょっと）行く、遊びに行く…berjalan-jalan（ブルジャラン ジャラン）

---

4 どうぞターミナルへ入ってください。

---

5 どうぞ少しの間お待ち願います。

ヒント
- 最も丁寧な形を使いましょう（di＋動詞）
- 少しの間…sebentar（スブンタール）
- 丁寧な形でも、親しい間柄では文末に「ya」を入れて「～ですね、～ますね」と表現します。

読んでみよう！ ㊵

前ページでつくったインドネシア語を確認し、声に出して読んでみましょう。

1 Kami senang sekali dengan kedatangan Ibu Novi.
カミ　スナン　スカリ　ドゥガン　クダタガン　イブー　ノフィ

解説 名前Noviのvはファ行の子音です。下唇に上の歯をそっと当てて、「フィ」と発音しましょう。

---

2 Saya pun senang bisa mengunjungi acara ini.
サヤ　プン　スナン　ビサ　ムグンジュンギ　アチャラ　イニ

解説 mengunjungiの真ん中にあるnguはngの後に母音uがつく鼻音の［グ］です。「ムングンジュンギ」とならないよう気をつけましょう。

---

3 Mari kita (mari/ayo) berjalan-jalan ke mal.
マリ　キタ　マリ　アヨー　ブルジャラン　ジャラン　ク　モール

解説 mariの子音rは巻き舌の「エル」、malの子音lは舌先を歯ぐきに押し当てて発音してみましょう。

---

4 Silakan masuk ke terminal.
シラカン　マスッ(ク)　ク　トゥルミナル

解説 terminalのeは曖昧音のe［ウ］です。気をつけましょう。

---

5 Silakan ditunggu sebentar ya.
シラカン　ディトングー　スブンタール　ヤー

解説 ditungguのuは、やや唇を丸めて「ウー」と発音してみましょう。

日常生活でよく使う語根動詞リスト

意味	単語	意味	単語
ある、いる、持っている	ada [アダ]	食べる	makan [マカン]
上がる、乗る	naik [ナイク]	ついていく、参加する	ikut [イクッ(ト)]
（電気などが）点く、生きる	hidup [ヒドゥッ(プ)]	着く、到着する	sampai [サンパイ/サンペイ]
行く	pergi [プルギ]	出る	keluar [クルアール]
生まれる	lahir [ラヒル]	通る、通過する	lewat [レワッ(ト)]
起きる、目覚める	bangun [バグン]	なくなる	habis [ハビス]
思い出す、覚えている	ingat [インガッ(ト)]	寝る	tidur [ティドゥール]
降りる、下がる	turun [トゥルン]	飲む	minum [ミヌム]
終わる	selesai [スルサイ/スルセイ]	入る	masuk [マスッ(ク)]
帰る	pulang [プーラン]	始まる	mulai [ムライ/ムレイ]
勝つ	menang [ムナン]	走る	lari [ラリ]
来る	datang [ダタン]	引っ越す、移る	pindah [ピンダ]
結婚する	kawin [カウイン]	風呂に入る、水浴びする	mandi [マンディ]
（面識があり）知っている	kenal [クナール]	紛失する	hilang [ヒラン]
（電気などが）消える、死ぬ	mati [マティ]	負ける	kalah [カラ]
知る、分かる	tahu [タウ]	求める、願う	minta [ミンタ]
進む	maju [マジュ]	戻る	kembali [クンバリ]
住む、残る	tinggal [ティンガル]	戻る、後退する	mundur [ムンドゥール]
座る	duduk [ドゥドゥッ(ク)]	休む	cuti [チュティ]
立ち寄る	mampir [マンピル]	忘れる	lupa [ルパ]

● 著者略歴

深尾 康夫（ふかお・やすお）
亜細亜大学大学院経済学研究科修士課程修了。東電設計株式会社勤務、名古屋大学客員研究員などを経て、現在は亜細亜大学、日本大学、静岡文化芸術大学、駒澤大学、渋谷外語学院他非常勤講師。裁判所、検察庁の司法通訳人を務める。主要著書は「決定版！インドネシア語入門～初級」（共著、アルク、1999年）、「インドネシアの地方分権化－分権化をめぐる中央・地方のダイナミクスとリアリティー」（共著、IDE-JETRO、2003年）、「インドネシア再生への挑戦」（共著、IDE-JETRO、2005年）。1983～1994年インドネシア在住、1999～2004年インドネシア、東ティモールにて日本政府選挙監視要員を4回務める。

DYAH HAPSARI（ディアー・ハフサリ）
インドネシア共和国東ジャワ州生まれ。国立インドネシア教育大学言語芸術学部日本語教育学科、国際ことば学院各卒。インドネシア米国系企業勤務、日系企業インドネシア語講師などを経て、現在は日本大学、亜細亜大学他インドネシア語非常勤講師。インドネシア語/英語通訳者、翻訳者を務める。

ビジネス／生活で使える
インドネシア語ダイアローグ

2016年7月10日　　第1刷発行

著　　　者 … 深尾康夫　ディアー・ハフサリ
発　行　者 … 前田俊秀
発　行　所 … 株式会社三修社
　　　　　　　〒150-0001　東京都渋谷区神宮前 2-2-22
　　　　　　　TEL　03-3405-4511　FAX　03-3405-4522
　　　　　　　振替　00190-9-72758
　　　　　　　http://www.sanshusha.co.jp
　　　　　　　編集担当　北村英治
印 刷 製 本 … 倉敷印刷株式会社

©2016, Yasuo Fukao/Dyah Hapsari
Printed in Japan
ISBN978-4-384-04684-7　C1087

Ⓡ〈日本複製権センター委託出版物〉本書を無断で複写複製（コピー）することは、著作権法上での例外を除き、禁じられています。本書をコピーされる場合は、事前に日本複製権センター（JRRC）の許諾を受けてください。
JRRC(http://www.jrrc.or.jp/　E-mail: jrrc_info@jrrc.or.jp　電話03-3401-2382)